# Comment développer votre Spiritualité par la Prière

ISBN : 978-2-36188-648-6



www.editions-tredaniel.com
info@guytredaniel.fr
www.facebook.com/editions.tredaniel
@tredaniel_eso

JEAN-DIDIER

# COMMENT DÉVELOPPER VOTRE SPIRITUALITÉ PAR LA PRIÈRE

LES CLÉS MAGIQUES
DES 150 PSAUMES
DE DAVID

ÉDITIONS
EXERGUE
27, rue des Grands-Augustins
75006 Paris

# Avertissement

Toutes les recommandations données dans ce livre concernant la santé ne doivent sous aucun prétexte vous soustraire à un traitement médical.

Tout comme vous devez consulter un médecin en cas de problème de santé.

# SOMMAIRE

# INTRODUCTION

Voici une version moderne et actualisée des *Clés des 150 Psaumes de David*, tournée vers une pratique de petits rituels faciles à mettre en place. Vous pourrez, à votre gré, mettre en pratique ces petits rituels avec des pierres, des cristaux, de l'encens, des herbes aromatiques – voire des huiles essentielles –, ou tout simplement lire les psaumes qui vont suivre.

Il ne vous échappera pas, à la lecture de ce livre, que beaucoup de clés de ces psaumes sont communes. Ce n'est ni une erreur de ma part ni une façon de simplifier les clés. Cela vient simplement du fait que, dans les temps reculés, tout tournait autour de très peu de sujets différents.

Vous pourrez ainsi varier les prières, selon la problématique que vous aurez choisie. Cela vous permettra également de ne pas avoir à réciter toujours la même prière pour la même problématique.

Comme vous vous apercevrez également que les Psaumes de David parlent souvent soit de récoltes, soit d'animaux domestiques ou encore de la ferme, il faut donc adapter ce langage à celui de notre époque – c'est ce que je me suis efforcé de faire.

Ces psaumes et versets sont extraits de la version originale de la bible de Louis Segond (1910), qui, pour moi, reste la version la plus proche de la réalité de la Bible, et la plus authentique des Psaumes de David.

C'est une approche très différente – qui correspond plus à notre époque – que les versions précédentes proposées par d'autres éditeurs.

# DÉVELOPPEZ VOTRE SPIRITUALITÉ PAR LA PRIÈRE

**INTENTION**: prospérité – honnêteté
**LES PRIÈRES**: psaumes 1, 121, 147

**LES CLÉS MAGIQUES DES PSAUMES**
Avec ces psaumes, vous allez pouvoir prier pour obtenir la prospérité de vos biens et de vos acquis. Vous allez les faire fructifier et également pouvoir investir dans toute autre forme d'affaires.

Avec ces psaumes, vous allez pouvoir travailler sur votre comportement. Ainsi, ils auront pour effet de faire en sorte que vous restiez droit et honnête dans le traitement de vos affaires. Tout comme ils vous donneront la possibilité, si vous le souhaitez, de renvoyer le mal vers vos ennemis.

**POUR AMPLIFIER L'ACTION DE VOTRE PRIÈRE**: je vous recommande de porter sur vous une pierre de néphrite pour consolider cette action et votre prière.

**INTENTION**: jalousie – politique
**LES PRIÈRES**: psaumes 2, 52, 53, 149

**LES CLÉS MAGIQUES DES PSAUMES**
Avec ces psaumes, vous allez travailler contre toute forme d'agression venant des personnes qui vous jalousent ou qui vous veulent du mal. Les despotes et les tyrans seront écartés de votre chemin, grâce à l'un ou l'autre de ces psaumes.

Ils ont également la particularité d'être très utilisés sur le plan politique. En effet, ces psaumes nous parlent de la demande que l'on peut formuler pour toujours être gouverné par des hommes justes dans leurs décisions. Ils sont très précieux dans les périodes électorales pour que tout se passe dans les meilleures conditions.

**POUR AMPLIFIER L'ACTION DE VOTRE PRIÈRE**: vous pouvez faire brûler de la sauge blanche pendant que vous récitez ce psaume.

**INTENTION**: ennemis – attaques
**LES PRIÈRES**: psaumes 3, 7, 56, 57, 115, 119, 142

**LES CLÉS MAGIQUES DES PSAUMES**
Voici des psaumes d'une efficacité redoutable contre toutes les attaques de vos ennemis ou de personnes qui vous veulent du mal sous quelque forme que ce soit. Vous allez pouvoir utiliser ces prières comme un véritable bouclier.

Vous ne serez plus la cible des ondes négatives qui vous entourent, et vous pourrez vivre de nouveau paisiblement.

Si vous avez des problèmes de maux de tête, de migraine ou bien encore des maux de gorge, vous pouvez utiliser ces psaumes.

**POUR AMPLIFIER L'ACTION DE VOTRE PRIÈRE**: vous pouvez frotter légèrement vos tempes avec de l'huile essentielle de menthe poivrée, après avoir récité l'une de ces prières.

**INTENTION**: demande de secours – chance
**LES PRIÈRES**: psaumes 4, 55, 61, 74, 79, 85, 100, 109, 117

**LES CLÉS MAGIQUES DES PSAUMES**
Vous pouvez utiliser ces psaumes pour demander secours à Dieu, à David, ou aux forces de l'univers. Quelle que soit la formulation que vous allez choisir et la personne que vous allez solliciter, vous obtiendrez gain de cause.

Si vous avez besoin de chance, si vous avez un procès en cours ou des démarches administratives à faire, c'est le moment de prier avec ces psaumes, car ils vous permettront littéralement de déclencher la chance.

Dans le temps, les anciens utilisaient également beaucoup ces psaumes pour calmer les poussées dentaires des bébés ou les coliques du nourrisson.

**POUR AMPLIFIER L'ACTION DE VOTRE PRIÈRE**: je vous recommande de faire brûler du papier d'Arménie pendant que vous récitez l'un de ces psaumes.

**INTENTION**: motivation – jalousie
**LES PRIÈRES**: psaume 5

**LES CLÉS MAGIQUES DES PSAUMES**
Si, depuis quelque temps, vous avez du mal à vous motiver, si vous sentez une certaine lassitude, que vous avez besoin de renouveler vos énergies, mais que vous n'y arrivez pas, voici le psaume idéal pour relancer la machine.

Mais ce n'est pas tout, ce psaume a bien d'autres vertus. En effet, s'il y a de la jalousie, de l'hypocrisie de la part des ennemis qui vous entourent, vous devez absolument faire cette prière pour les éloigner.

Tout comme vous devez la faire, si vous voulez dissuader les voleurs de s'introduire dans votre demeure, au moment où vous partez en vacances ou en week-end.

**POUR AMPLIFIER L'ACTION DE VOTRE PRIÈRE**: je vous recommande de mettre des petits cristaux de quartz fumé aux quatre coins de la maison, pour consolider la protection de votre habitation.

**INTENTION**: juridique – maladie
**LES PRIÈRES**: psaumes 6, 10, 113, 130

**LES CLÉS MAGIQUES DES PSAUMES**
Si vous êtes en plein démêlé juridique, si vous avez un procès en cours, si vous avez affaire – d'une manière ou d'une autre –

à la justice, vous vous devez de réciter l'un de ces psaumes pour faire tourner les choses positivement de votre côté.

Ces psaumes ont également des vertus particulières contre les maladies et les infirmités. En effet, ces prières sont principalement utilisées contre les problèmes au niveau des yeux, des os et du sang.

**POUR AMPLIFIER L'ACTION DE VOTRE PRIÈRE**: vous pouvez coupler l'un de ces psaumes avec un petit rituel. Il suffit de prendre, dans vos mains, un galet d'hématite en le programmant tout simplement avec une simple demande de guérison, qui se fera en récitant l'un de ces psaumes.

**INTENTION**: santé – animaux
**LES PRIÈRES**: psaumes 8, 49, 77, 134, 144

**LES CLÉS MAGIQUES DES PSAUMES**

Ces psaumes sont particuliers, car ils étaient utilisés autrefois contre toutes les maladies qui pouvaient toucher les enfants et les animaux domestiques.

Aujourd'hui, il est encore possible d'en faire usage pour préserver la santé – principalement des enfants – en les couplant à un collier de pierres de turquoise.

**POUR AMPLIFIER L'ACTION DE VOTRE PRIÈRE**: vous pouvez soigner votre animal de compagnie – et surtout le calmer s'il est trop agité – en laissant, pendant une journée, une turquoise dans un bol d'eau. Le lendemain matin, vous pouvez lui faire boire l'eau, après avoir retiré la pierre.

**INTENTION**: ennemis – ondes positives
**LES PRIÈRES**: psaume 9

**LES CLÉS MAGIQUES DES PSAUMES**
Voici comment lutter, grâce à la prière, contre les attaques injustes des nations ennemies, contre la pauvreté, la guerre et contre toutes les actions néfastes pour les populations. Ce genre de psaume se récite généralement dans un groupe de prière, afin de constituer un égrégore d'ondes positives pour lutter contre les puissances ennemies.

Ce psaume permet également de travailler sur la confiance en soi, ou bien encore sur la régularisation de l'énergie de votre habitation.

**POUR AMPLIFIER L'ACTION DE VOTRE PRIÈRE**: je vous recommande de mettre du gros sel aux quatre coins de chaque pièce de votre demeure, un lundi; puis de la balayer, le dimanche, en récitant cette prière. Vous pourrez, ensuite, mettre une pierre d'agate mousse dans votre pièce principale.

**INTENTION**: foi – spiritualité
**LES PRIÈRES**: psaumes 11, 81, 86, 87, 94, 99, 108, 112, 131

**LES CLÉS MAGIQUES DES PSAUMES**
Voici des psaumes pour conforter votre foi ou pour l'augmenter. Si vous avez pour objectif de développer votre spiritualité et que vous cherchez des prières en lien avec votre évolution

personnelle, alors vous devez réciter l'un de ces psaumes, au choix, ou plusieurs si vous le souhaitez.

De même, si vous voulez vous protéger des personnes fourbes, perfides, déloyales ou orgueilleuses, vous devez réciter ces psaumes.

**POUR AMPLIFIER L'ACTION DE VOTRE PRIÈRE**: ces psaumes sont également très efficaces pour lutter contre la pauvreté, le manque d'argent ou de richesse personnelle. Pour vous protéger de tout cela, vous pouvez mettre un billet plié en quatre dans le sens de la longueur dans votre porte-monnaie, et mettre à son contact une petite pierre roulée de citrine.

**INTENTION**: peur – phobie
**LES PRIÈRES**: psaume 12

**LES CLÉS MAGIQUES DES PSAUMES**
Ce psaume a des vertus toutes particulières contre la peur et la mort subite, ou la phobie de la mort. Il est également très efficace contre les maladies nerveuses et les obsessions. Vous pouvez coupler cette prière à une pierre d'améthyste dans ce cas précis.

Ce psaume présente aussi des vertus particulières contre les problèmes oculaires.

**POUR AMPLIFIER L'ACTION DE VOTRE PRIÈRE**: vous pouvez coupler ce psaume 12 avec le petit rituel suivant. Prenez, dans vos mains, une pierre de rhodonite et laissez-vous porter par l'énergie qu'elle dégage. Cette pierre, en association avec ce Psaume de David, aura pour effet de calmer vos peurs.

**INTENTION**: démons – corruption
**LES PRIÈRES**: psaume 13

**LES CLÉS MAGIQUES DES PSAUMES**
Ce Psaume de David vous aidera à lutter contre les insensés, les impies et les démons de toutes sortes; comme contre toutes les mauvaises tentations. Si vous avez l'impression d'avoir des tentations impures, vous devez absolument utiliser cette prière.

Ce psaume est également très efficace contre la corruption. Il vous protégera des personnes qui cherchent à vous soutirer de l'argent ou à profiter de vous.

**POUR AMPLIFIER L'ACTION DE VOTRE PRIÈRE**: sur le plan de la santé, elle protège contre les maladies du cœur et de l'estomac. Vous pouvez décupler votre prière en tenant tout simplement une pierre de rhodonite dans vos mains.

**INTENTION**: mensonges – calomnie
**LES PRIÈRES**: psaumes 14, 118, 139, 141

**LES CLÉS MAGIQUES DES PSAUMES**
Voici comment se protéger des menteurs, des usuriers et des avares. Si vous ne voulez pas être importuné, dans votre vie, par ce type de personnes, vous devez vous en préserver en utilisant ces prières.

Si vous ne voulez pas subir de jalousie ou de calomnie, vous devez également avoir recours à ces prières.

Et, surtout, si vous voulez obtenir l'amour fraternel de votre prochain, être dans des relations d'échange et de partage, alors vous vous devez de lire ces Psaumes de David à haute voix régulièrement.

**POUR AMPLIFIER L'ACTION DE VOTRE PRIÈRE**: pour donner encore plus de profondeur à cette protection, je vous recommande de faire brûler des feuilles de laurier régulièrement, chaque fois que vous lirez l'une de ces prières.

**INTENTION**: protection – guérison
**LES PRIÈRES**: psaume 15

**LES CLÉS MAGIQUES DES PSAUMES**
Ce psaume a beaucoup de qualités et de capacités. Jadis, il était utilisé pour recevoir les faveurs de Dieu, de David, ou des forces de l'univers. Il permettait de se mettre sous la protection de Dieu pour obtenir son salut et protéger les enfants attardés.

De plus, ce psaume a la capacité d'agir pour développer l'intelligence, la confiance en soi et ses propres facultés mentales.

Sur le plan de la guérison, cette prière permet de lutter contre les rhumatismes, les douleurs et les fièvres. Vous pouvez, les jours où vous priez, mettre vos deux mains autour d'une bouteille d'eau minérale ou de source, et réciter ce Psaume 15 pour informer l'eau de votre demande.

**POUR AMPLIFIER L'ACTION DE VOTRE PRIÈRE**: il vous suffira, ensuite, de boire un verre d'eau au réveil et un verre au coucher, pour bénéficier des bienfaits de celle-ci.

**INTENTION**: risques naturels – grossesse
**LES PRIÈRES**: psaume 16

**LES CLÉS MAGIQUES DES PSAUMES**
Voici un psaume contre la peur de la mort violente, des bêtes féroces, des ennemis mortels; mais également contre la peur d'un tremblement de terre, d'un incendie ou de tous les risques naturels. Si vous êtes concerné par au moins une de ces peurs, vous devez utiliser cette prière.

Il faut savoir également que ce psaume peut agir en faveur de la fécondité, et générer une grossesse.

**POUR AMPLIFIER L'ACTION DE VOTRE PRIÈRE**: elle est aussi très efficace contre tous les problèmes de paralysie, d'épilepsie ou de maladie nerveuse. Dans ce cas, je vous recommande d'utiliser cette prière ou de la coupler à une pierre d'améthyste, que vous allez placer sur votre abdomen pendant cinq minutes après avoir récité cette prière.

**INTENTION**: catastrophes naturelles – orgueil
**LES PRIÈRES**: psaumes 17, 28, 65, 73, 76, 82, 92, 122, 127, 143

**LES CLÉS MAGIQUES DES PSAUMES**
Voici des psaumes contre les risques d'incendie, les inondations, les épidémies, les éruptions volcaniques, les tempêtes et même la grêle. Si vous êtes concerné par au moins l'une de ces catastrophes que vous voulez contrer, alors vous devez utiliser ces prières.

Dans un tout autre domaine, avec l'un de ces psaumes, vous pouvez lutter contre les ignorants et les orgueilleux qui cherchent à vous rabaisser.

**POUR AMPLIFIER L'ACTION DE VOTRE PRIÈRE**: vous pouvez, quand vous allez les réciter, diffuser autour de vous de l'huile essentielle de mandarine.

**INTENTION**: dons – confiance en soi
**LES PRIÈRES**: psaumes 18, 39

**LES CLÉS MAGIQUES DES PSAUMES**
Si vous voulez développer votre intuition, obtenir des dons naturels – voire surnaturels, ainsi que des dons du Saint-Esprit –, vous allez pouvoir le faire avec l'un de ces psaumes.

Si vous avez un petit souci de confiance en vous, que vous voulez apprendre à aller de plus en plus de l'avant, en confortant votre équilibre psychique et énergétique, vous pouvez également utiliser ces prières.

**POUR AMPLIFIER L'ACTION DE VOTRE PRIÈRE**: vous allez pouvoir associer l'une de ces prières à une séance de méditation. Après votre prière, asseyez-vous en tailleur, le buste bien droit. Posez vos deux mains devant vous, la main droite sur la main gauche, avec, dans la paume de main, votre pierre œil-de-tigre en forme de galet, et méditez pendant dix bonnes minutes.

**INTENTION**: association – projet
**LES PRIÈRES**: psaume 19

**LES CLÉS MAGIQUES DES PSAUMES**
Si vous avez besoin de chance, si vous avez une association, un projet en cours ou des démarches administratives à entreprendre, c'est le moment de prier avec ce psaume 19, car il vous permettra littéralement de déclencher la chance.

Tous les projets de toute nature sont concernés. Vous pouvez également demander, dans votre prière, l'aide de Dieu, de David, ou de l'univers.

**POUR AMPLIFIER L'ACTION DE VOTRE PRIÈRE**: vous pouvez associer vos prières à une pierre d'aventurine, en forme de galet. Il vous suffira de l'entourer d'une ficelle rouge, en faisant trois tours et trois nœuds.

**INTENTION**: réussite – succès
**LES PRIÈRES**: psaume 20

**LES CLÉS MAGIQUES DES PSAUMES**
Vous avez besoin d'aide pour réussir tout ce que vous entreprenez, vous voulez que le succès vous sourie ? Alors, ce psaume est fait pour vous. Vous souhaitez également être toujours de bonne humeur, et vous aspirez à une certaine tranquillité d'esprit, alors je vous recommande cette prière.

Mais ce n'est pas tout, ce psaume peut vous aider à lutter contre les pertes de membres de la famille, et notamment des enfants.

**POUR AMPLIFIER L'ACTION DE VOTRE PRIÈRE**: voici un petit rituel de succès. Munissez-vous d'une petite boîte, puis déposez au fond un vœu de réussite que vous aurez écrit sur un morceau de papier. Déposez maintenant un bâton de cannelle sur le papier. Refermez la boîte et laissez agir.

**INTENTION**: douleurs psychologiques – maladies physiques
**LES PRIÈRES**: psaumes 21, 41, 42

**LES CLÉS MAGIQUES DES PSAUMES**
Si vous avez des douleurs morales ou psychologiques, ou même un sentiment d'abandon, voire un souci de maladie physique, vous pouvez implorer Dieu pour qu'il vous vienne en aide.

Ces psaumes vous aideront également à lutter contre les pathologies les plus désespérées – comme une maladie des os, de la poitrine, une tuberculose.

De plus, ces prières vous aideront à dominer votre peur de la ruine, ou à l'éviter par leur force. Ces psaumes vous permettront également de retrouver confiance en vous; et aussi de développer une meilleure communication.

**POUR AMPLIFIER L'ACTION DE VOTRE PRIÈRE**: vous allez pouvoir coupler l'une de ces prières à la diffusion, dans votre chambre, d'huile essentielle d'orange. Cela aura pour effet de stimuler la confiance en vous.

**INTENTION**: richesse – vœux
**LES PRIÈRES**: psaume 22

**LES CLÉS MAGIQUES DES PSAUMES**
Avec ce Psaume de David, vous allez pouvoir formuler des vœux de réussite et de richesse. Vous allez faire appel aux forces supérieures de l'univers, pour qu'elles vous permettent de réaliser vos vœux.

Par ailleurs, si vous avez besoin de secours dans une épreuve particulière, alors vous devez faire cette prière.

**POUR AMPLIFIER L'ACTION DE VOTRE PRIÈRE**: je vous recommande ce petit rituel magique. Vous allez écrire, sur une feuille blanche, le problème qui vous tracasse, puis vous allez lire à voix haute ce psaume 22. Ensuite, vous allez brûler votre feuille, et jeter les cendres à la poubelle, en pensant bien à vous débarrasser de votre problématique.

**INTENTION**: vanité – sorts
**LES PRIÈRES**: psaume 23

**LES CLÉS MAGIQUES DES PSAUMES**
Si vous voulez avoir le cœur pur et si vous voulez, en plus, lutter contre la vanité, les faux serments ou faux-semblants, je vous recommande cette prière.

Ce psaume est aussi utilisé, très souvent, pour conjurer les sorts ou contrer les personnes qui blasphèment.

**POUR AMPLIFIER L'ACTION DE VOTRE PRIÈRE**: la purification est une chose importante. On pense souvent à purifier un lieu, mais rarement à se purifier soi-même. C'est pourquoi je vous recommande de prendre, une fois par mois, un bain avec une grosse poignée de gros sel. Cela aura pour effet d'harmoniser vos énergies et de vous purifier.
*Attention :* un bain d'eau de mer ne remplace pas cette action. Ici, nous utilisons la magie du sel.

**INTENTION**: assistance – adversaires
**LES PRIÈRES**: psaumes 24, 46, 58, 63

**LES CLÉS MAGIQUES DES PSAUMES**
Avec ces Psaumes de David, vous allez pouvoir demander l'assistance de Dieu contre les pièges de tous vos adversaires. Si vous avez des ennemis – déclarés ou non –, ils seront bloqués, et ne pourront plus agir contre vous.

Ces psaumes s'attachent aussi à régler les problèmes de pauvreté et les menaces de ruine. Vous pouvez lire un de ces psaumes, si vous avez l'impression que la guigne vous poursuit et que vous n'arrivez plus à avancer dans votre vie.

Si vous avez besoin d'un coup de pouce pour un héritage, vous pouvez aussi utiliser l'un de ces psaumes au choix. De même, si vous devez être guidé pour faire un choix professionnel ou pour être sûr et certain de faire le bon choix, je vous recommande ces prières.

**POUR AMPLIFIER L'ACTION DE VOTRE PRIÈRE**: faites brûler, pendant l'une de ces prières, des aiguilles de cèdre rouge sur un charbon ardent. Cela aura pour effet d'amplifier votre demande et de susciter l'aide de Dieu, ou des forces de l'univers.

**INTENTION**: persécutions – injures
**LES PRIÈRES**: psaume 25

**LES CLÉS MAGIQUES DES PSAUMES**
Parfois, dans la vie, il faut se battre contre les intrigues, les persécutions et les procès injustes. Si vous êtes dans ce cas, je vous recommande fortement de prier avec ce psaume 25 de David, car il vous aidera à faire jaillir la vérité et à résoudre les conflits juridiques.

Il vous permettra de lutter également contre toutes les formes de vengeance, tout comme contre les injures venant de personnes indésirables, ou contre les mauvais jugements.

**POUR AMPLIFIER L'ACTION DE VOTRE PRIÈRE**: je vous recommande de vous protéger de toutes les formes d'actions négatives contre vous, en portant en pendentif une pierre de labradorite. Pour encore plus d'efficacité, avant de la porter, vous pouvez la passer dans la fumée de la sauge blanche et réciter ce psaume.

**INTENTION**: peur – protection
**LES PRIÈRES**: psaumes 26, 45, 54, 65, 145

**LES CLÉS MAGIQUES DES PSAUMES**

Si vous avez des peurs en tous genres – surtout la crainte de vos adversaires –, si vous avez besoin également de vous protéger contre les voleurs et les méchants, vous devez interagir avec l'un de ces psaumes.

Puis, dans un autre domaine, ils vous permettront de prier en faveur des personnes abandonnées, des orphelins et des prisonniers. Mais ces prières sont surtout utilisées pour requérir une protection divine dans les pays en guerre.

**POUR AMPLIFIER L'ACTION DE VOTRE PRIÈRE**: la peur engendre du stress, que vous pouvez combattre en diffusant – dans votre habitation ou dans votre chambre – de l'huile essentielle de lavande, quand vous récitez l'une de ces prières.

**INTENTION**: personnes dangereuses – amour fraternel
**LES PRIÈRES**: psaume 27

**LES CLÉS MAGIQUES DES PSAUMES**
Ce psaume a été écrit pour lutter contre toutes les personnes qui pourraient vous prodiguer de mauvais conseils, qui pourraient être également de mauvaise compagnie ou dangereuses pour vous.

Et surtout, si vous voulez obtenir l'amour fraternel de votre prochain, être dans des relations positives d'échange et de partage, alors vous vous devez de lire ce Psaume de David à haute voix, régulièrement.

**POUR AMPLIFIER L'ACTION DE VOTRE PRIÈRE**: pour donner encore plus de profondeur à cette protection, je vous recommande de faire brûler des feuilles de laurier régulièrement, chaque fois que vous lirez cette prière.

**INTENTION**: grâce – confiance
**LES PRIÈRES**: psaume 29

**LES CLÉS MAGIQUES DES PSAUMES**
Si vous voulez obtenir une action de grâce pour la délivrance après un grand péril, ou encore après toute maladie physique ou morale, vous allez pouvoir le faire avec ce psaume 29.

Si vous avez un petit souci de confiance en vous, ou si vous voulez obtenir une conscience tranquille, si vous voulez également apprendre à aller de plus en plus de l'avant en confortant votre équilibre psychique et moral, vous pouvez également utiliser cette prière.

**POUR AMPLIFIER L'ACTION DE VOTRE PRIÈRE**: vous allez pouvoir coupler cette prière à une huile végétale. Mettez de l'huile de calophylle directement sur le nombril. Avant de poser un pansement pour tenir le coton, massez tout autour de la périphérie du nombril avec un peu d'huile. Puis faites votre prière.

**INTENTION**: abandon – punition
**LES PRIÈRES**: psaume 30

**LES CLÉS MAGIQUES DES PSAUMES**
Avec cette prière, vous allez pouvoir implorer Dieu, lorsque vous serez confronté à des dangers, insulté ou abandonné par vos amis. Vous pourrez également obtenir la force et la volonté pour surmonter tous les événements qui vous perturbent, et punir les méchants qui vous veulent du mal.

**POUR AMPLIFIER L'ACTION DE VOTRE PRIÈRE**: voici un petit rituel qui vous permettra de transformer le négatif en positif. Munissez-vous d'un demi-citron vert, puis piquez, dedans, quelques clous de girofle. Posez le tout dans une petite soucoupe, dans votre chambre. Laissez agir pendant huit jours, puis jetez le tout.

**INTENTION**: pardon – ancrage
**LES PRIÈRES**: psaume 31

**LES CLÉS MAGIQUES DES PSAUMES**
Si vous avez besoin que l'on vous pardonne vos péchés, il sera utile de réciter à voix haute cette prière de David. Tout comme si vous avez besoin de vous reconstruire ou de vous ancrer, après un stress important, un choc moral ou émotionnel.

Cette prière est également efficace contre toutes les maladies longues et douloureuses. Elle vous permettra, au moins, de vous soulager de la douleur qu'elles engendrent.

Comme beaucoup de Psaumes de David, celui-ci va également vous servir à lutter contre les inondations et les catastrophes naturelles.

Vous pouvez associer votre prière à la purification de votre corps, en mettant vos deux mains autour d'une bouteille d'eau minérale ou de source, et en récitant ce psaume 31 pour informer l'eau de votre demande de guérison.

**POUR AMPLIFIER L'ACTION DE VOTRE PRIÈRE**: il vous suffira, ensuite, de boire un verre d'eau au réveil et un verre au coucher pour bénéficier des bienfaits de celle-ci.

**INTENTION**: protection – artistes
**LES PRIÈRES**: psaumes 32, 43, 44, 59, 78, 80, 97, 98

**LES CLÉS MAGIQUES DES PSAUMES**
Ces psaumes vous seront utiles pour demander la protection de Dieu, ou des forces de l'univers, envers votre patrie ou votre pays. Ce dernier sera ainsi protégé contre toutes les formes d'ennemis.

Mais ce n'est pas tout, ces psaumes vous permettront d'agir en faveur de toutes les professions artistiques – comme les peintres, les sculpteurs, les musiciens et les chanteurs.

**POUR AMPLIFIER L'ACTION DE VOTRE PRIÈRE**: la créativité et la communication sont à l'honneur, avec ces prières. Si vous vous sentez concerné, je vous recommande de porter une pierre de jaspe rouge autour du cou, quand vous serez sur scène. Cette pierre amplifiera vos qualités naturelles.

**INTENTION**: ruine – prospérité
**LES PRIÈRES**: psaume 33

**LES CLÉS MAGIQUES DES PSAUMES**
Voici un psaume pour lutter contre les mauvaises affaires, les catastrophes et la misère. Il permettra également, si besoin est, le rétablissement de vos affaires, et vous apportera la prospérité. Vous pouvez prier à voix haute, pour donner de la puissance à votre psaume.

Si vous estimez devoir travailler sur votre persévérance, et si vous avez besoin également de développer votre patience, vous pouvez prier pour cela avec ce psaume.

Et, si vous voulez vous protéger contre les menteurs et la médisance, il vous sera aussi très utile.

**POUR AMPLIFIER L'ACTION DE VOTRE PRIÈRE**: vous pouvez associer vos prières à une pierre d'aventurine, sous forme de galet. Il vous suffira de l'entourer d'une ficelle rouge, en faisant trois tours et trois nœuds; et elle vous apportera la prospérité.

**INTENTION**: persécutions – abandon
**LES PRIÈRES**: psaume 34

**LES CLÉS MAGIQUES DES PSAUMES**
Si vous avez besoin d'une protection en cas de persécutions, de calomnies ou d'abandon; si vous pensez que l'on vous a jeté un sort, que l'on vous a envoyé des ondes négatives; ou que l'on cherche à vous nuire; vous devez alors lire, plusieurs fois par jour, pendant sept jours, ce Psaume 34 de David.

Sachez également qu'il apportera une protection aux pauvres, aux veuves et aux orphelins.

**POUR AMPLIFIER L'ACTION DE VOTRE PRIÈRE**: sur le plan de la guérison, ce psaume s'avère efficace contre les douleurs et les fièvres. Vous pouvez le coupler à un *Notre Père*, si le cœur vous en dit. Pourquoi? Parce que dans le *Notre Père*, il est dit : «Délivre-nous du mal.»

**INTENTION**: châtiments – malveillance
**LES PRIÈRES**: psaume 35

**LES CLÉS MAGIQUES DES PSAUMES**
Si vous voulez vous protéger des châtiments, de l'impie et des malfaiteurs, comme de toute personne malveillante, vous devez utiliser ce psaume 35.

De plus, il est très efficace pour instaurer une protection sur la maison, les personnes et les animaux.

**POUR AMPLIFIER L'ACTION DE VOTRE PRIÈRE**: je vous recommande de mettre de petits cristaux de quartz fumé aux quatre coins de la maison, pour consolider la protection de votre habitation.

**INTENTION**: abondance – immobilier
**LES PRIÈRES**: psaumes 36, 62, 64, 66, 69, 84, 146

**LES CLÉS MAGIQUES DES PSAUMES**
Voici des psaumes qui concernent le besoin de consolider l'abondance des biens de la terre, des moissons, des prairies et des jardins. Vous pouvez également les utiliser pour bénéficier d'abondance dans le domaine de l'immobilier, ou pour la réussite en affaires ou dans un procès.

Ces psaumes peuvent aussi être utilisés contre les voleurs et les persécutions de toutes sortes. C'est un moyen de se protéger des vols ou des tentatives de meurtre.

**POUR AMPLIFIER L'ACTION DE VOTRE PRIÈRE**: j'utilise également ces psaumes pour l'harmonie dans un couple, ou pour favoriser une grossesse. Dans ce cas, la personne désirant être enceinte devra porter soit un collier, soit un bracelet, de quartz rose.

**INTENTION**: maladie – yeux
**LES PRIÈRES**: psaumes 37, 51

**LES CLÉS MAGIQUES DES PSAUMES**
On utilise ces psaumes dans les demandes de guérison ou de secours à un malade. En effet, ces psaumes ont des vertus particulières contre les maladies des reins et la fièvre. De même, ces prières sont principalement utilisées contre les problèmes oculaires.

**POUR AMPLIFIER L'ACTION DE VOTRE PRIÈRE**: vous pouvez coupler, par exemple, l'un des deux psaumes à un petit rituel. Allongez-vous, fermez les yeux, et pensez à détendre tous vos membres et tout votre corps. Placez une pierre de cyanite sur votre cœur. Elle aura pour effet d'atténuer vos soucis de santé.

**INTENTION**: commérages – ennemis
**LES PRIÈRES**: psaumes 38, 48

**LES CLÉS MAGIQUES DES PSAUMES**
Voici des psaumes pour lutter contre les commérages et les mauvaises langues de vos ennemis. Ils sont utilisés également

pour se protéger des ondes négatives que pourraient vous envoyer des personnes malintentionnées.

Jadis, on y avait recours pour obtenir une mort douce, et surtout, pour connaître approximativement la date de sa mort. C'est un peu particulier, mais les anciens voulaient savoir ce genre de chose.

**POUR AMPLIFIER L'ACTION DE VOTRE PRIÈRE**: vous pouvez lutter contre les personnes négatives, en associant à l'une de vos prières ce petit rituel. Prenez une feuille de papier, et inscrivez-y le nom des personnes qui vous veulent du mal. Pliez-le en quatre, et placez-le entre vos deux mains jointes. Récitez maintenant ces psaumes à haute voix. Puis brûlez le papier, et demandez la protection de Dieu. Vous pouvez jeter les cendres à la poubelle.

**INTENTION**: pauvreté – peines de cœur
**LES PRIÈRES**: psaume 40

**LES CLÉS MAGIQUES DES PSAUMES**
Voici un psaume en faveur des pauvres, des indigents et des malheureux. Vous pouvez utiliser ce psaume 40 pour prier pour que les sans-abri puissent retrouver un peu de dignité et un toit.

Cette prière est également souvent utilisée contre les peines de cœur, les amours contrariés et les amitiés trahies.

**POUR AMPLIFIER L'ACTION DE VOTRE PRIÈRE**: vous pouvez aussi vous en servir tout simplement pour l'harmonie dans le couple. Dans ce cas, chaque partenaire devra porter soit un collier, soit un bracelet, de quartz rose.

**INTENTION**: famille – habitation
**LES PRIÈRES**: psaume 47

**LES CLÉS MAGIQUES DES PSAUMES**
Voici un psaume pour obtenir la protection de votre famille, tout comme celle de votre demeure, contre les mauvais esprits.

**POUR AMPLIFIER L'ACTION DE VOTRE PRIÈRE**: je vous recommande de mettre des petits cristaux de quartz fumé aux quatre coins de la maison, afin de consolider la protection de votre habitation. Je vous conseille également de mettre du gros sel aux quatre coins de chaque pièce de votre demeure, un lundi ; puis de la balayer, le dimanche, en récitant cette prière.

**INTENTION**: pardon – miséricorde
**LES PRIÈRES**: psaume 50

**LES CLÉS MAGIQUES DES PSAUMES**
Voici un psaume fait pour demander le pardon de miséricorde et de pénitence. Si vous avez l'impression d'avoir mal fait quelque chose ou d'avoir fait du mal à quelqu'un, ou que vous avez eu des pensées impures, alors vous devez réciter ce psaume 50 à haute voix.

Il peut également vous être utile pour accéder à une vie pure et droite.

Mais ce n'est pas tout, ce psaume aide à obtenir de la volonté et une parole facile si vous devez faire un exposé, une conférence, ou prendre la parole dans une réunion de travail. Ce psaume vous aidera également à retrouver confiance en vous, et à développer une meilleure communication.

**POUR AMPLIFIER L'ACTION DE VOTRE PRIÈRE**: vous allez pouvoir coupler cette prière avec ce petit rituel. Un soir de pleine lune, mettez-vous dehors, les pieds nus, pour avoir une prise avec la terre. Visualisez les énergies de la lune, qui entrent dans votre corps par la tête, puis qui glissent le long de vos membres, pour terminer dans vos pieds, puis dans la terre.
Ce rituel aura pour effet de renouveler votre corps sur le plan énergétique.

**INTENTION**: exilés – héritage
**LES PRIÈRES**: psaume 60

**LES CLÉS MAGIQUES DES PSAUMES**
Ce psaume vous aidera à lutter dans les cas les plus désespérés, et agira en faveur des personnes exilées, ou en faveur d'un chef d'État.

De plus, cette prière vous aidera à dominer vos peurs, à retrouver confiance en vous et à développer une meilleure communication, si vous êtes vous-même exilé.

Si vous attendez un héritage, cette prière permettra qu'il se déroule correctement.

**POUR AMPLIFIER L'ACTION DE VOTRE PRIÈRE**: vous allez pouvoir coupler un cristal de roche à une séance de méditation. Après votre prière, allongez-vous, posez votre cristal sur votre plexus solaire, et méditez pendant dix bonnes minutes.

**INTENTION**: succès – commerce
**LES PRIÈRES**: psaumes 67, 71, 104

**LES CLÉS MAGIQUES DES PSAUMES**
Avec ces psaumes, vous allez pouvoir prier pour obtenir la prospérité, et le succès. Vous allez les faire fructifier, et pouvoir également investir dans toute autre forme d'affaires ou de commerce.

Ces psaumes vous permettront également de travailler sur votre comportement. Ainsi, ils auront pour effet de faire en sorte que vous restiez droit et honnête dans le traitement de vos affaires. Tout comme ils vous donneront la possibilité, si vous le souhaitez, de lutter contre la pauvreté.

Ces psaumes vous permettront aussi d'être heureux en voyage, et agiront pour la protection des veuves, des orphelins et des prisonniers.

**POUR AMPLIFIER L'ACTION DE VOTRE PRIÈRE**: je vous recommande de porter sur vous une pierre de néphrite, pour consolider votre prière.

**INTENTION**: peur – adversaires
**LES PRIÈRES**: psaume 68

**LES CLÉS MAGIQUES DES PSAUMES**
Si vous avez des peurs en tous genres – comme la phobie de l'abandon, des idées noires, et surtout la peur de vos adversaires –, si vous avez besoin également de vous protéger contre les voleurs, les méchants, les usuriers et les fraudeurs, vous devez pratiquer ce psaume 68.

Puis, dans un autre domaine, il peut vous permettre de prier en faveur de la paix et de la fraternité, et aussi d'éviter la trahison, la paresse et l'ivrognerie.

**POUR AMPLIFIER L'ACTION DE VOTRE PRIÈRE**: la peur engendre le stress. Vous pouvez le combattre en diffusant, dans votre habitation ou dans votre chambre, de l'huile essentielle de lavande.

**INTENTION**: persécutions – enfance
**LES PRIÈRES**: psaume 70

**LES CLÉS MAGIQUES DES PSAUMES**
Voici un psaume pour demander le secours d'une personne âgée persécutée. Si vous voulez préserver une personne âgée de votre famille, vous devez lire ce texte à voix haute.

Il est également utilisé pour la protection de l'enfance et des personnes âgées. Aujourd'hui, il est encore possible d'en faire usage pour préserver la santé, principalement de ces personnes, en le couplant à un collier de pierres de serpentine.

**POUR AMPLIFIER L'ACTION DE VOTRE PRIÈRE**: vous pouvez également relaxer votre enfant, en lui massant l'intérieur des paumes de la main avec une huile essentielle d'ylang-ylang.

**INTENTION**: scrupule – vice
**LES PRIÈRES**: psaumes 72, 101, 102, 123

**LES CLÉS MAGIQUES DES PSAUMES**
Voici des psaumes contre les gens sans scrupules, qui vivent souvent dans l'abondance, la débauche et le vice.

Ces prières sont très efficaces également contre les maladies des membres inférieurs et supérieurs, la paralysie, les maladies du cœur, de circulation du sang et les problèmes urinaires et rénaux.

Puis ces psaumes ont des vertus particulières contre les maladies et les infirmités. En effet, ces prières sont principalement utilisées contre les problèmes de santé.

**POUR AMPLIFIER L'ACTION DE VOTRE PRIÈRE**: vous pouvez coupler l'un de ces psaumes avec un petit rituel. Il suffit de prendre, dans vos mains, un galet d'hématite, et de le programmer tout simplement avec une simple demande de guérison, qui se fera en récitant ces psaumes.

**INTENTION**: travail – tyrannie
**LES PRIÈRES**: psaumes 75, 128, 137

**LES CLÉS MAGIQUES DES PSAUMES**
Ces Psaumes de David vous aideront à lutter contre l'orgueil des puissants, et contre toutes les formes de tyrannie.

Vous pouvez les utiliser pour obtenir un travail, un stage ou une formation dans tous les domaines. Ces psaumes vous aideront aussi à obtenir de la volonté et une parole facile si vous devez faire un exposé, une conférence, ou prendre la parole dans une réunion de travail. Ils vous permettront également de retrouver confiance en vous, et de développer une meilleure communication.

Une autre utilisation est la demande de cessation des guerres, ou la signature d'un accord de paix.

Vous allez pouvoir coupler l'une de ces prières à un petit rituel magique. Prenez une bouteille d'eau de source, imposez vos mains à 5 cm de la bouteille, et récitez en même temps à haute voix le psaume de votre choix : 75, 128 ou 137.

**POUR AMPLIFIER L'ACTION DE VOTRE PRIÈRE**: à la fin de votre prière, lavez-vous les mains avec quelques gouttes d'eau. Vous pourrez réutiliser l'eau de la bouteille chaque fois que vous voudrez refaire une des trois prières.

**INTENTION**: repenti – soucis
**LES PRIÈRES**: psaume 83

**LES CLÉS MAGIQUES DES PSAUMES**
Voici tout simplement l'hymne du païen repenti qui retrouve, après avoir perdu sa voie, la direction de l'Église, qui deviendra la maison de Dieu.

Si vous avez un petit souci de confiance en vous, que vous voulez apprendre à aller de plus en plus de l'avant en confortant votre équilibre psychique et énergétique, vous pouvez également utiliser cette prière.

**POUR AMPLIFIER L'ACTION DE VOTRE PRIÈRE**: vous allez pouvoir faire brûler de l'encens de benjoin, en même temps que vous allez réciter cette prière.

**INTENTION**: iniquités – droits sociaux
**LES PRIÈRES**: psaume 88

**LES CLÉS MAGIQUES DES PSAUMES**
Voici un psaume pour le rabaissement des orgueilleux et l'écroulement des trônes. Il permet également de lutter contre les iniquités sociales et patronales. Et également d'éviter le pillage des droits sociaux.

Il est très utilisé dans la sphère professionnelle, pour se préserver de toute forme d'atteintes personnelles.

**POUR AMPLIFIER L'ACTION DE VOTRE PRIÈRE**: sur votre lieu de travail, si vous en avez l'autorisation, vous pouvez diffuser de l'huile essentielle de lavande, pour calmer les gens stressés autour de vous, et pour garder une atmosphère saine.

**INTENTION**: fierté – défaillance
**LES PRIÈRES**: psaume 89

**LES CLÉS MAGIQUES DES PSAUMES**
Voici un psaume pour la fierté légitime de l'homme, pour lui permettre de prendre de bonnes résolutions dans sa vie contre les faiblesses du genre humain et ses défaillances.

Si vous avez l'impression d'avoir mal fait quelque chose ou d'avoir fait du mal à quelqu'un, que vous avez eu des pensées impures, alors vous devez réciter ce psaume 89 à haute voix.

Il peut également vous être utile pour mener une vie pure et droite.

Mais, aussi, ce psaume aide à obtenir de la volonté et une parole facile si vous devez faire un exposé, une conférence, ou prendre la parole dans une réunion de travail. Ce psaume vous aidera également à retrouver confiance en vous, et à développer une meilleure communication.

**POUR AMPLIFIER L'ACTION DE VOTRE PRIÈRE**: vous allez pouvoir coupler une pierre œil-de-tigre à une séance de méditation. Après votre prière, allongez-vous, posez votre pierre en forme de galet sur votre plexus solaire, et méditez pendant dix bonnes minutes.

**INTENTION**: insomnies – paranormal
**LES PRIÈRES**: psaume 90

**LES CLÉS MAGIQUES DES PSAUMES**
Ce psaume s'utilise contre les mauvaises langues, les cauchemars, les insomnies, les fantômes. Également contre les animaux nuisibles ou féroces.

Si des phénomènes paranormaux se produisent chez vous, si vous avez l'impression qu'il y a une entité chez vous, alors vous devez utiliser ce Psaume 90 de David.

**POUR AMPLIFIER L'ACTION DE VOTRE PRIÈRE**: je vous recommande de coupler cette prière à une fumigation de toutes les pièces de votre demeure, avec soit de la sauge blanche, soit du laurier, soit de l'encens pontifical.

**INTENTION**: santé – inégalité
**LES PRIÈRES**: psaume 91

**LES CLÉS MAGIQUES DES PSAUMES**
Voici un psaume contre l'inégalité de sort des humains, et pour protéger les esprits attardés.

Avec cette prière, vous pouvez demander le secours d'une personne âgée persécutée. Si vous voulez préserver une personne âgée de sa famille, vous devez lire ce texte à voix haute.

**POUR AMPLIFIER L'ACTION DE VOTRE PRIÈRE**: elle est également utilisée pour la protection et pour une vieillesse heureuse. Aujourd'hui, il est encore possible d'en faire usage pour préserver la santé des personnes âgées, en couplant ce psaume à un collier de pierres d'ambre.

**INTENTION**: injustice – impureté
**LES PRIÈRES**: psaume 93

**LES CLÉS MAGIQUES DES PSAUMES**
Voici un psaume contre les fauteurs d'injustices et les personnes impures. Pour la protection des faibles et des personnes âgées.

Cette prière reste aussi très efficace contre les problèmes d'yeux ou d'oreilles, soit toute la sphère ORL.

**POUR AMPLIFIER L'ACTION DE VOTRE PRIÈRE**: elle est également utilisée pour la protection et pour une vieillesse heureuse. Aujourd'hui, il est encore possible d'en faire usage pour préserver la santé des personnes âgées, en la couplant à un bracelet de pierres d'améthyste.

**INTENTION**: bienfaisance – bien-être
**LES PRIÈRES**: psaume 95

**LES CLÉS MAGIQUES DES PSAUMES**
Ce psaume permet d'obtenir une pluie bienfaisante et des vents favorables sur les terres arides et sur les prairies, pour la fertilité des champs et des arbres fruitiers.

Vous pouvez aussi avoir recours à ce psaume 95 pour la beauté de l'âme et du corps. Sur le plan du bien-être, cette prière permet de lutter contre tous les maux. Vous pouvez, les jours où vous priez, mettre vos deux mains autour d'une bouteille d'eau minérale ou de source, et réciter ce psaume 95 pour informer l'eau de votre demande.

**POUR AMPLIFIER L'ACTION DE VOTRE PRIÈRE**: il vous suffira, ensuite, de boire un verre d'eau au réveil et un verre au coucher, pour bénéficier des bienfaits de celle-ci.

**INTENTION**: foi – Dieu
**LES PRIÈRES**: psaume 96

**LES CLÉS MAGIQUES DES PSAUMES**
Voici un psaume particulier pour Jésus, quand il reviendra sur Terre. Le feu s'avancera alors devant lui, et les éclairs formeront des arcs-en-ciel. Il est même dit, selon David, que les montagnes fondront comme de la cire au soleil.

Si vous croyez à son retour, je vous invite à prier pour cela.

**POUR AMPLIFIER L'ACTION DE VOTRE PRIÈRE**: je vous recommande, en même temps, d'allumer trois cierges, ou bougies chauffe-plats, pour symboliser La Trinité dans votre prière.

**INTENTION**: abondance – paix intérieure
**LES PRIÈRES**: psaume 103

**LES CLÉS MAGIQUES DES PSAUMES**
Voici un psaume sur le mystère de la Création du monde et de l'Univers. Si vous vous posez des questions à ce sujet et que vous voulez des réponses, alors vous devez faire cette prière.

Si vous voulez obtenir de bonnes récoltes, abondantes et de qualité, vous pouvez aussi utiliser ce psaume 103.

Si vous avez l'amour du travail bien fait, souhaitez obtenir la paix intérieure, ainsi qu'un équilibre parfait, ce psaume est fait pour vous.

**POUR AMPLIFIER L'ACTION DE VOTRE PRIÈRE**: vous allez pouvoir faire le petit rituel suivant avant de psalmodier. Prenez un petit papier de couleur verte. Écrivez dessus le souhait ou le vœu d'abondance que vous voulez voir se réaliser. Au dos, mettez-y votre empreinte digitale avec un tampon encreur, puis placez-le au contact de vos billets dans votre portefeuille.

**INTENTION**: injustice – colère
**LES PRIÈRES**: psaume 105

**LES CLÉS MAGIQUES DES PSAUMES**
Voici un psaume contre toutes les formes d'injustice, et directement en faveur de toutes les personnes honnêtes.

Cette prière s'applique également contre les pratiques religieuses défendues et dangereuses.

Sachez que vous pouvez utiliser ce psaume pour générer la colère de Dieu contre tous ceux qui ne croient pas en sa parole.

**POUR AMPLIFIER L'ACTION DE VOTRE PRIÈRE**: vous pouvez faire brûler de l'encens pontifical sur un charbon ardent.

**INTENTION**: famine – angoisses
**LES PRIÈRES**: psaume 106

**LES CLÉS MAGIQUES DES PSAUMES**
Voici un Psaume de David contre la sécheresse, les terres arides et la famine. Également contre toutes les angoisses et les malheurs de la vie.

Cette prière peut être utilisée contre la peur des tempêtes, surtout si vous avez le mal de mer.

Pour favoriser la fécondité, une grossesse, ou le succès dans la création de quelque chose de nouveau, ainsi que l'abondance.

**POUR AMPLIFIER L'ACTION DE VOTRE PRIÈRE**: je vous recommande de porter un bracelet sous forme de petites billes de citrine. Ce bracelet vous apportera la chance et le succès.

**INTENTION**: guerre – terreurs nocturnes
**LES PRIÈRES**: psaume 107

**LES CLÉS MAGIQUES DES PSAUMES**
Voici un psaume pour demander le secours de Dieu contre l'oppresseur et contre l'invasion des armées étrangères en temps de guerre.

**POUR AMPLIFIER L'ACTION DE VOTRE PRIÈRE**: j'utilise aussi ce psaume pour calmer les enfants, pour les guérir de terreurs nocturnes ou de cauchemars. Dans ce cas, vous devez vous munir d'une pierre de turquoise, que vous allez poser près du lit de l'enfant. Choisissez une pierre assez grosse.

**INTENTION**: remerciement – spiritualité
**LES PRIÈRES**: psaume 110

**LES CLÉS MAGIQUES DES PSAUMES**
Voici un psaume concernant les louanges au Seigneur pour le remercier de ses bienfaits.

Cette prière vous invite au commencement de la sagesse, de la sérénité. Grâce à ce psaume, vous serez dirigé vers la voie spirituelle qui vous correspond le mieux.

Je vous recommande de faire un vœu en dessinant, un soir de pleine lune, sur une petite plaque de plomb (10 cm sur 5 cm), d'un côté, le symbole qui représente votre signe zodiacal, et, de l'autre, le symbole de la pleine lune, soit un cercle.

**POUR AMPLIFIER L'ACTION DE VOTRE PRIÈRE**: mettez cette petite plaque dans votre portefeuille, et laissez la magie opérer.

**INTENTION**: bonheur – humanitaire
**LES PRIÈRES**: psaume 111

**LES CLÉS MAGIQUES DES PSAUMES**
Celui qui fait le bien autour de lui fait aussi le bonheur des autres. Si vous vous engagez dans une voie humanitaire, ou si vous voulez simplement le bien de votre prochain, alors vous devez réciter régulièrement cette prière à haute voix.

Le bon exemple que vous allez donner sera toujours le meilleur des enseignements.

**POUR AMPLIFIER L'ACTION DE VOTRE PRIÈRE**: je vous recommande d'utiliser un diffuseur d'huiles essentielles pour cette prière. Si vous y introduisez une huile de fleur d'oranger, vous trouverez votre voie spirituelle et votre mission de vie.

**INTENTION**: burn-out – accomplissement
**LES PRIÈRES**: psaumes 114, 115

**LES CLÉS MAGIQUES DES PSAUMES**
Voici comment lutter contre les peines physiques et morales, la dépression et le burn-out.

Pour la libération des humbles, des personnes bonnes, altruistes, de bonne foi et respectueuses de leur prochain.

Si vous voulez faire un vœu, ces psaumes vous aideront dans son accomplissement.

Vous pourrez également lutter contre les personnes qui vous mentent régulièrement, et qui se moquent de vous.

**POUR AMPLIFIER L'ACTION DE VOTRE PRIÈRE**: pour ne pas être touché par les ondes négatives de certaines personnes de votre entourage, je vous recommande d'appliquer un large pansement sur votre nombril, soit le plexus ombilical. Vous fermerez ainsi la porte d'entrée principale de votre corps aux ondes négatives.

**INTENTION**: bienfaits – monde
**LES PRIÈRES**: psaume 116

**LES CLÉS MAGIQUES DES PSAUMES**

Voici l'hymne par excellence incitant les nations tout entières à louer et remercier Dieu pour les bienfaits qu'il nous accorde.

Je recommande toujours ce type de prière en temps de guerre dans le monde, quel que soit le pays ou la nation. Vous allez ainsi envoyer des ondes positives qui serviront peut-être à trouver une solution à un conflit.

**POUR AMPLIFIER L'ACTION DE VOTRE PRIÈRE**: essayez de constituer, pour ce genre de chose, un cercle de prière avec vos amis proches. Donnez-vous rendez-vous une fois par semaine, toujours le même jour et à la même heure. Vous formerez ainsi un égrégore positif qui sera entendu.

**INTENTION**: protection de Dieu – insolation
**LES PRIÈRES**: psaume 120

**LES CLÉS MAGIQUES DES PSAUMES**
Voici un psaume contre les insolations, les coups de chaud, les bouffées de chaleur.

Cette prière vous permettra de mettre les personnes humbles et de bonne foi sous la protection de Dieu.

**POUR AMPLIFIER L'ACTION DE VOTRE PRIÈRE**: si vous avez tendance à mal supporter la chaleur, ou si vous êtes victime d'une insolation, je vous recommande ce petit remède. Prenez une bouteille d'eau froide, et posez-la sur votre front. Au bout de quelques instants, elle va comme aspirer le trop-plein de chaleur. Quand l'eau sera tiède, renouvelez l'eau de la bouteille jusqu'à ce qu'elle refroidisse.

**INTENTION**: hypocrisie – amis
**LES PRIÈRES**: psaume 124

**LES CLÉS MAGIQUES DES PSAUMES**
Voici un psaume pour identifier les personnes fausses et hypocrites dans votre entourage proche.

Cette prière de David est très efficace pour voir le vrai visage de vos collègues de travail, ou de vos amis.

**POUR AMPLIFIER L'ACTION DE VOTRE PRIÈRE**: si vous le pouvez, posez, sur votre bureau, une pierre œil-de-tigre. Elle vous protégera un peu plus contre les attaques, directes ou indirectes.

**INTENTION**: prisonniers – douleur
**LES PRIÈRES**: psaume 125

**LES CLÉS MAGIQUES DES PSAUMES**
Voici un psaume en faveur des prisonniers, des personnes prises en otage, des affligés. Si vous voulez les aider, alors je vous recommande de prier pour eux avec ce psaume 125.

Cette prière accompagne, dans la douleur, tous ceux qui pleurent et qui ont des peines de toute nature.

**POUR AMPLIFIER L'ACTION DE VOTRE PRIÈRE**: je vous recommande de faire cette prière au pied d'un chêne, et de verser, ensuite, un verre de cidre à son pied. Ce petit rituel est très connu et utilisé en matière de magie.

**INTENTION**: ondes négatives – fécondité
**LES PRIÈRES**: psaume 126

**LES CLÉS MAGIQUES DES PSAUMES**
Si vous voulez protéger votre maison, vous vous devez de faire cette prière. Si vous voulez en chasser les ondes négatives et la purifier, alors je vous recommande de faire cette prière en brûlant, dans chaque pièce, un peu de sauge blanche.

**POUR AMPLIFIER L'ACTION DE VOTRE PRIÈRE**: ce psaume est utilisé pour préserver la santé des enfants, pour favoriser la fécondité ou une grossesse. Dans ce cas, la personne qui souhaite un enfant devra porter un quartz rose sur elle.

**INTENTION**: maison – bonheur
**LES PRIÈRES**: psaumes 127, 132

**LES CLÉS MAGIQUES DES PSAUMES**
Voici des psaumes en faveur des familles nombreuses ou des familles recomposées. Ils permettront d'instaurer une protection sur tout le monde dans la maison.

Vous pouvez également y avoir recours pour obtenir le bonheur et une vie longue et heureuse.

**POUR AMPLIFIER L'ACTION DE VOTRE PRIÈRE**: voici un petit rituel pour vivre vieux. Je vous recommande de mettre, dans une bouteille, quatre gousses d'ail et une racine de ginseng. Si cette dernière ne rentre pas, vous pouvez la couper. Pour finir, remplissez la bouteille d'eau de source. Laissez macérer pendant un mois, puis prenez-en un petit verre par jour, régulièrement.

**INTENTION**: angoisses – révélations
**LES PRIÈRES**: psaume 129

**LES CLÉS MAGIQUES DES PSAUMES**
Si vous désirez obtenir des révélations sur des choses qui sont cachées, vous devez faire cette prière avec ferveur et à haute voix.

Si vous traversez des moments d'angoisse et que vous désirez le secours de Dieu, je vous recommande ce psaume 129.

**POUR AMPLIFIER L'ACTION DE VOTRE PRIÈRE**: vous pouvez, après avoir récité cette prière, vous asseoir en tailleur, le dos bien droit, et respirer profondément. Vous devez inspirer, en gonflant votre ventre comme un bouddha. Puis vous expirez, en creusant votre ventre. Il n'y a pas de temps d'arrêt entre l'inspiration et l'expiration. Faites cela pendant cinq bonnes minutes.

**INTENTION**: croyance – spiritualité
**LES PRIÈRES**: psaumes 133, 148

**LES CLÉS MAGIQUES DES PSAUMES**
Très utilisés au sein même de l'Église, ces psaumes sont destinés aux prêtres qui donnent leur vie à Dieu.

Si vous aussi, à votre niveau, vous voulez développer votre spiritualité, je vous les recommande.

Allumer un cierge, ou une bougie blanche, pour faire une demande ou un vœu est déjà un acte magique. La magie se niche partout autour de nous, tous les jours.

**POUR AMPLIFIER L'ACTION DE VOTRE PRIÈRE**: de plus, allumer un cierge vous place sous la protection de Dieu. C'est pourquoi, si vous utilisez ces prières, vous pouvez, juste avant, faire brûler une bougie blanche.

**INTENTION**: famille – Seigneur
**LES PRIÈRES**: psaumes 135, 150

**LES CLÉS MAGIQUES DES PSAUMES**
Je vous donne, ici, des psaumes de remerciement à Dieu pour ses bienfaits – pour vous et pour votre famille.

Ils représentent un véritable hymne à l'amour et à la gloire du Seigneur.

**POUR AMPLIFIER L'ACTION DE VOTRE PRIÈRE**: vous aussi, grâce à ces psaumes, chassez les ondes négatives en utilisant des pierres de malachite, que vous pouvez disposer un peu partout dans toutes les pièces de votre maison. Vous renforcerez ainsi la puissance de ces prières.

**INTENTION**: patrie – appel au secours
**LES PRIÈRES**: psaume 136

**LES CLÉS MAGIQUES DES PSAUMES**
Si vous faites partie de ceux qui ont tout perdu – comme votre patrie, votre famille, vos amis ou vos biens –, je vous recommande de vous tourner vers Dieu, et de faire cette prière.

C'est un véritable appel au secours, que vous ferez à travers ce psaume 136.

**POUR AMPLIFIER L'ACTION DE VOTRE PRIÈRE**: dans des situations aussi compliquées, je vous invite à appeler également la

Sainte-Trinité en association avec cette prière. Pour cela, vous devez mettre trois bougies bleues en forme de triangle, devant vous sur une table, et prier pour retrouver une situation normale.

**INTENTION**: médisances – intuition
**LES PRIÈRES**: psaume 138

**LES CLÉS MAGIQUES DES PSAUMES**
Voici un psaume contre ceux qui avancent sur le chemin du mal, ou qui vous veulent du mal. Il vous permettra de vous en protéger. Vous devez demander à Dieu de vous venir en aide afin de ne pas être touché par eux.

J'utilise aussi ce psaume pour développer des qualités naturelles telles que l'intuition. Il est important de la développer, car cela vous permettra d'éviter bien des désagréments.

**POUR AMPLIFIER L'ACTION DE VOTRE PRIÈRE**: pour vous protéger également des médisances, vous pouvez porter une pierre d'onyx autour du cou. Elle chassera le négatif, pour qu'il ne vous atteigne pas.

**INTENTION**: contagion – virus
**LES PRIÈRES**: psaume 140

**LES CLÉS MAGIQUES DES PSAUMES**
Pour échapper à la contagion, à la contamination, aux virus, voici une prière très efficace.

Il faut aussi savoir que, tout simplement, ce psaume est utilisé comme prière du soir avant de dormir. Grâce à lui, vous serez protégé pendant la nuit, et vous pourrez dormir paisiblement.

**POUR AMPLIFIER L'ACTION DE VOTRE PRIÈRE**: concernant la contagion, vous pouvez diffuser une huile essentielle de pin sylvestre (*Pinus sylvestris*), ou déposer une goutte, une fois par jour, à l'intérieur des poignets, en la frottant.

# Les 150 Psaumes de David

## Psaume 1

1.1
Heureux l'homme qui ne marche pas selon le conseil des méchants, Qui ne s'arrête pas sur la voie des pécheurs, Et qui ne s'assied pas en compagnie des moqueurs,

1.2
Mais qui trouve son plaisir dans la loi de l'Éternel, Et qui la médite jour et nuit!

1.3
Il est comme un arbre planté près d'un courant d'eau, Qui donne son fruit en sa saison, Et dont le feuillage ne se flétrit point : Tout ce qu'il fait lui réussit.

1.4
Il n'en est pas ainsi des méchants : Ils sont comme la paille que le vent dissipe.

1.5
C'est pourquoi les méchants ne résistent pas au jour du jugement, Ni les pécheurs dans l'assemblée des justes;

**1.6**
Car l'Éternel connaît la voie des justes, Et la voie des pécheurs mène à la ruine.

## PSAUME 2

**2.1**
Pourquoi ce tumulte parmi les nations, Ces vaines pensées parmi les peuples ?

**2.2**
Pourquoi les rois de la terre se soulèvent-ils Et les princes se liguent-ils avec eux Contre l'Éternel et contre son oint ?

**2.3**
Brisons leurs liens, Délivrons-nous de leurs chaînes !

**2.4**
Celui qui siège dans les cieux rit, Le Seigneur se moque d'eux.

**2.5**
Puis il leur parle dans sa colère, Il les épouvante dans sa fureur :

**2.6**
C'est moi qui ai oint mon roi Sur Sion, ma montagne sainte !

**2.7**
Je publierai le décret ; L'Éternel m'a dit : Tu es mon fils ! Je t'ai engendré aujourd'hui.

**2.8**
Demande-moi et je te donnerai les nations pour héritage, Les extrémités de la terre pour possession ;

**2.9**
Tu les briseras avec une verge de fer, Tu les briseras comme le vase d'un potier.

**2.10**
Et maintenant, rois, conduisez-vous avec sagesse ! Juges de la terre, recevez instruction !

**2.11**
Servez l'Éternel avec crainte, Et réjouissez-vous avec tremblement.

**2.12**
Baisez le fils, de peur qu'il ne s'irrite, Et que vous ne périssiez dans votre voie, Car sa colère est prompte à s'enflammer. Heureux tous ceux qui se confient en lui !

## PSAUME 3

**3.1**
Psaume de David. À l'occasion de sa fuite devant Absalom, son fils.

**3.2**
Ô Éternel, que mes ennemis sont nombreux ! Quelle multitude se lève contre moi !

**3.3**
Combien qui disent à mon sujet : Plus de salut pour lui auprès de Dieu !

**3.4**
Mais toi, ô Éternel ! tu es mon bouclier, Tu es ma gloire, et tu relèves ma tête.

**3.5**
De ma voix je crie à l'Éternel, Et il me répond de sa montagne sainte.

**3.6**
Je me couche, et je m'endors; Je me réveille, car l'Éternel est mon soutien.

**3.7**
Je ne crains pas les myriades de peuples Qui m'assiègent de toutes parts.

**3.8**
Lève-toi, Éternel! sauve-moi, mon Dieu! Car tu frappes à la joue tous mes ennemis, Tu brises les dents des méchants.

**3.9**
Le salut est auprès de l'Éternel : Que ta bénédiction soit sur ton peuple!

## PSAUME 4

**4.1**
Au chef des chantres. Avec instruments à cordes. Psaume de David.

**4.2**
Quand je crie, réponds-moi, Dieu de ma justice! Quand je suis dans la détresse, sauve-moi! Aie pitié de moi, écoute ma prière!

**4.3**
Fils des hommes, jusques à quand ma gloire sera-t-elle outragée? Jusques à quand aimerez-vous la vanité, Chercherez-vous le mensonge?

**4.4**
Sachez que l'Éternel s'est choisi un homme pieux; L'Éternel entend, quand je crie à lui.

**4.5**
Tremblez, et ne péchez point; Parlez en vos cœurs sur votre couche, puis taisez-vous.

**4.6**
Offrez des sacrifices de justice, Et confiez-vous à l'Éternel.

**4.7**
Plusieurs disent : Qui nous fera voir le bonheur? Fais lever sur nous la lumière de ta face, ô Éternel!

**4.8**
Tu mets dans mon cœur plus de joie qu'ils n'en ont Quand abondent leur froment et leur moût.

**4.9**
Je me couche et je m'endors en paix, Car toi seul, ô Éternel! tu me donnes la sécurité dans ma demeure.

## PSAUME 5

**5.1**
Au chef des chantres. Avec les flûtes. Psaume de David.

**5.2**
Prête l'oreille à mes paroles, ô Éternel! Écoute mes gémissements!

**5.3**
Sois attentif à mes cris, mon roi et mon Dieu! C'est à toi que j'adresse ma prière.

**5.4**
Éternel! le matin tu entends ma voix; Le matin je me tourne vers toi, et je regarde.

**5.5**
Car tu n'es point un Dieu qui prenne plaisir au mal; Le méchant n'a pas sa demeure auprès de toi.

**5.6**
Les insensés ne subsistent pas devant tes yeux; Tu hais tous ceux qui commettent l'iniquité.

**5.7**
Tu fais périr les menteurs; L'Éternel abhorre les hommes de sang et de fraude.

**5.8**
Mais moi, par ta grande miséricorde, je vais à ta maison, Je me prosterne dans ton saint temple avec crainte.

**5.9**
Éternel! conduis-moi dans ta justice, à cause de mes ennemis, Aplanis ta voie sous mes pas.

**5.10**
Car il n'y a point de sincérité dans leur bouche; Leur cœur est rempli de malice, Leur gosier est un sépulcre ouvert, Et ils ont sur la langue des paroles flatteuses.

**5.11**
Frappe-les comme des coupables, ô Dieu! Que leurs desseins amènent leur chute! Précipite-les au milieu de leurs péchés sans nombre! Car ils se révoltent contre toi.

**5.12**
Alors tous ceux qui se confient en toi se réjouiront, Ils auront de l'allégresse à toujours, et tu les protégeras; Tu seras un sujet de joie Pour ceux qui aiment ton nom.

**5.13**
Car tu bénis le juste, ô Éternel! Tu l'entoures de ta grâce comme d'un bouclier.

## PSAUME 6

**6.1**
Au chef des chantres. Avec instruments à cordes. Sur la harpe à huit cordes. Psaume de David.

**6.2**
Éternel! ne me punis pas dans ta colère, Et ne me châtie pas dans ta fureur.

**6.3**
Aie pitié de moi, Éternel! car je suis sans force; Guéris-moi, Éternel! car mes os sont tremblants.

**6.4**
Mon âme est toute troublée; Et toi, Éternel! jusques à quand?...

**6.5**
Reviens, Éternel! délivre mon âme; Sauve-moi, à cause de ta miséricorde.

**6.6**
Car celui qui meurt n'a plus ton souvenir; Qui te louera dans le séjour des morts?

**6.7**
Je m'épuise à force de gémir; Chaque nuit ma couche est baignée de mes larmes, Mon lit est arrosé de mes pleurs.

**6.8**
J'ai le visage usé par le chagrin ; Tous ceux qui me persécutent le font vieillir.

**6.9**
Éloignez-vous de moi, vous tous qui faites le mal ! Car l'Éternel entend la voix de mes larmes ;

**6.10**
L'Éternel exauce mes supplications, L'Éternel accueille ma prière.

**6.11**
Tous mes ennemis sont confondus, saisis d'épouvante ; Ils reculent, soudain couverts de honte.

## PSAUME 7

**7.1**
Complainte de David. Chantée à l'Éternel, au sujet de Cusch, Benjamite.

**7.2**
Éternel, mon Dieu ! je cherche en toi mon refuge ; Sauve-moi de tous mes persécuteurs, et délivre-moi,

**7.3**
Afin qu'ils ne me déchirent pas, comme un lion Qui dévore sans que personne vienne au secours.

**7.4**
Éternel, mon Dieu ! si j'ai fait cela, S'il y a de l'iniquité dans mes mains,

**7.5**

Si j'ai rendu le mal à celui qui était paisible envers moi, Si j'ai dépouillé celui qui m'opprimait sans cause,

**7.6**

Que l'ennemi me poursuive et m'atteigne, Qu'il foule à terre ma vie, Et qu'il couche ma gloire dans la poussière !

**7.7**

Lève-toi, ô Éternel ! dans ta colère, Lève-toi contre la fureur de mes adversaires, Réveille-toi pour me secourir, ordonne un jugement !

**7.8**

Que l'assemblée des peuples t'environne ! Monte au-dessus d'elle vers les lieux élevés :

**7.9**

L'Éternel juge les peuples : Rends-moi justice, ô Éternel ! Selon mon droit et selon mon innocence !

**7.10**

Mets un terme à la malice des méchants, Et affermis le juste, Toi qui sondes les cœurs et les reins, Dieu juste !

**7.11**

Mon bouclier est en Dieu, Qui sauve ceux dont le cœur est droit.

**7.12**

Dieu est un juste juge, Dieu s'irrite en tout temps.

**7.13**

Si le méchant ne se convertit pas, il aiguise son glaive, Il bande son arc, et il vise ;

**7.14**

Il dirige sur lui des traits meurtriers, Il rend ses flèches brûlantes.

**7.15**

Voici, le méchant prépare le mal, Il conçoit l'iniquité, et il enfante le néant.

**7.16**

Il ouvre une fosse, il la creuse, Et il tombe dans la fosse qu'il a faite.

**7.17**

Son iniquité retombe sur sa tête, Et sa violence redescend sur son front.

**7.18**

Je louerai l'Éternel à cause de sa justice, Je chanterai le nom de l'Éternel, du Très-Haut.

## PSAUME 8

**8.1**

Au chef des chantres. Sur la guitthith. Psaume de David.

**8.2**

Éternel, notre Seigneur! Que ton nom est magnifique sur toute la terre! Ta majesté s'élève au-dessus des cieux.

**8.3**

Par la bouche des enfants et de ceux qui sont à la mamelle Tu as fondé ta gloire, pour confondre tes adversaires, Pour imposer silence à l'ennemi et au vindicatif.

**8.4**

Quand je contemple les cieux, ouvrage de tes mains, La lune et les étoiles que tu as créées :

**8.5**
Qu'est-ce que l'homme, pour que tu te souviennes de lui ? Et le fils de l'homme, pour que tu prennes garde à lui ?

**8.6**
Tu l'as fait de peu inférieur aux anges, Et tu l'as couronné de gloire et de magnificence.

**8.7**
Tu lui as donné la domination sur les œuvres de tes mains, Tu as tout mis sous ses pieds,

**8.8**
Les brebis comme les bœufs, Et les animaux des champs,

**8.9**
Les oiseaux du ciel et les poissons de la mer, Tout ce qui parcourt les sentiers des mers.

**8.10**
Éternel, notre Seigneur ! Que ton nom est magnifique sur toute la terre !

## PSAUME 9

**9.1**
Au chef des chantres. Sur la mélodie de « Meurs pour le fils ». Psaume de David.

**9.2**
Je louerai l'Éternel de tout mon cœur, Je raconterai toutes tes merveilles.

**9.3**
Je ferai de toi le sujet de ma joie et de mon allégresse, Je chanterai ton nom, Dieu Très-Haut !

**9.4**
Mes ennemis reculent, Ils chancellent, ils périssent devant ta face.

**9.5**
Car tu soutiens mon droit et ma cause, Tu sièges sur ton trône en juste juge.

**9.6**
Tu châties les nations, tu détruis le méchant, Tu effaces leur nom pour toujours et à perpétuité.

**9.7**
Plus d'ennemis ! Des ruines éternelles ! Des villes que tu as renversées ! Leur souvenir est anéanti.

**9.8**
L'Éternel règne à jamais, Il a dressé son trône pour le jugement ;

**9.9**
Il juge le monde avec justice, Il juge les peuples avec droiture.

**9.10**
L'Éternel est un refuge pour l'opprimé, Un refuge au temps de la détresse.

**9.11**
Ceux qui connaissent ton nom se confient en toi. Car tu n'abandonnes pas ceux qui te cherchent, ô Éternel !

**9.12**
Chantez à l'Éternel, qui réside en Sion, Publiez parmi les peuples ses hauts faits !

**9.13**
Car il venge le sang et se souvient des malheureux, Il n'oublie pas leurs cris.

**9.14**
Aie pitié de moi, Éternel! Vois la misère où me réduisent mes ennemis, Enlève-moi des portes de la mort,

**9.15**
Afin que je publie toutes tes louanges, Dans les portes de la fille de Sion, Et que je me réjouisse de ton salut.

**9.16**
Les nations tombent dans la fosse qu'elles ont faite, Leur pied se prend au filet qu'elles ont caché.

**9.17**
L'Éternel se montre, il fait justice, Il enlace le méchant dans l'œuvre de ses mains. – Jeu d'instruments.

**9.18**
Les méchants se tournent vers le séjour des morts, Toutes les nations qui oublient Dieu.

**9.19**
Car le malheureux n'est point oublié à jamais, L'espérance des misérables ne périt pas à toujours.

**9.20**
Lève-toi, ô Éternel! Que l'homme ne triomphe pas! Que les nations soient jugées devant ta face!

**9.21**
Frappe-les d'épouvante, ô Éternel! Que les peuples sachent qu'ils sont des hommes!

## PSAUME 10

**10.1**
Pourquoi, ô Éternel! te tiens-tu éloigné? Pourquoi te caches-tu au temps de la détresse?

**10.2**

Le méchant dans son orgueil poursuit les malheureux, Ils sont victimes des trames qu'il a conçues.

**10.3**

Car le méchant se glorifie de sa convoitise, Et le ravisseur outrage, méprise l'Éternel.

**10.4**

Le méchant dit avec arrogance : Il ne punit pas ! Il n'y a point de Dieu ! – Voilà toutes ses pensées.

**10.5**

Ses voies réussissent en tout temps ; Tes jugements sont trop élevés pour l'atteindre, Il souffle contre tous ses adversaires.

**10.6**

Il dit en son cœur : Je ne chancelle pas, Je suis pour toujours à l'abri du malheur !

**10.7**

Sa bouche est pleine de malédictions, de tromperies et de fraudes ; Il y a sous sa langue de la malice et de l'iniquité.

**10.8**

Il se tient en embuscade près des villages, Il assassine l'innocent dans des lieux écartés ; Ses yeux épient le malheureux.

**10.9**

Il est aux aguets dans sa retraite, comme le lion dans sa tanière, Il est aux aguets pour surprendre le malheureux ; Il le surprend et l'attire dans son filet.

**10.10**

Il se courbe, il se baisse, Et les misérables tombent dans ses griffes.

**10.11**
Il dit en son cœur : Dieu oublie ! Il cache sa face, il ne regarde jamais !

**10.12**
Lève-toi, Éternel ! ô Dieu, lève ta main ! N'oublie pas les malheureux !

**10.13**
Pourquoi le méchant méprise-t-il Dieu ? Pourquoi dit-il en son cœur : Tu ne punis pas ?

**10.14**
Tu regardes cependant, car tu vois la peine et la souffrance, Pour prendre en main leur cause ; C'est à toi que s'abandonne le malheureux, C'est toi qui viens en aide à l'orphelin.

**10.15**
Brise le bras du méchant, Punis ses iniquités, et qu'il disparaisse à tes yeux !

**10.16**
L'Éternel est roi à toujours et à perpétuité ; Les nations sont exterminées de son pays.

**10.17**
Tu entends les vœux de ceux qui souffrent, ô Éternel ! Tu affermis leur cœur ; tu prêtes l'oreille

**10.18**
Pour rendre justice à l'orphelin et à l'opprimé, Afin que l'homme tiré de la terre cesse d'inspirer l'effroi.

## PSAUME 11

**11.1**
Au chef des chantres. De David. C'est en l'Éternel que je cherche un refuge. Comment pouvez-vous me dire : Fuis dans vos montagnes, comme un oiseau ?

**11.2**
Car voici, les méchants bandent l'arc, Ils ajustent leur flèche sur la corde, Pour tirer dans l'ombre sur ceux dont le cœur est droit.

**11.3**
Quand les fondements sont renversés, Le juste, que ferait-il ?

**11.4**
L'Éternel est dans son saint temple, L'Éternel a son trône dans les cieux ; Ses yeux regardent, Ses paupières sondent les fils de l'homme.

**11.5**
L'Éternel sonde le juste ; Il hait le méchant et celui qui se plaît à la violence.

**11.6**
Il fait pleuvoir sur les méchants Des charbons, du feu et du soufre ; Un vent brûlant, c'est le calice qu'ils ont en partage.

**11.7**
Car l'Éternel est juste, il aime la justice ; Les hommes droits contemplent sa face.

# PSAUME 12

**12.1**
Au chef des chantres. Sur la harpe à huit cordes. Psaume de David.

**12.2**
Sauve, Éternel! car les hommes pieux s'en vont, Les fidèles disparaissent parmi les fils de l'homme.

**12.3**
On se dit des faussetés les uns aux autres, On a sur les lèvres des choses flatteuses, On parle avec un cœur double.

**12.4**
Que l'Éternel extermine toutes les lèvres flatteuses, La langue qui discourt avec arrogance,

**12.5**
Ceux qui disent : Nous sommes puissants par notre langue, Nous avons nos lèvres avec nous; Qui serait notre maître?

**12.6**
Parce que les malheureux sont opprimés et que les pauvres gémissent, Maintenant, dit l'Éternel, je me lève, J'apporte le salut à ceux contre qui l'on souffle.

**12.7**
Les paroles de l'Éternel sont des paroles pures, Un argent éprouvé sur terre au creuset, Et sept fois épuré.

**12.8**
Toi, Éternel! tu les garderas, Tu les préserveras de cette race à jamais.

**12.9**
Les méchants se promènent de toutes parts, Quand la bassesse règne parmi les fils de l'homme.

## PSAUME 13

**13.1**
Au chef des chantres. Psaume de David.

**13.2**
Jusques à quand, Éternel! m'oublieras-tu sans cesse? Jusques à quand me cacheras-tu ta face?

**13.3**
Jusques à quand aurai-je des soucis dans mon âme, Et chaque jour des chagrins dans mon cœur? Jusques à quand mon ennemi s'élèvera-t-il contre moi?

**13.4**
Regarde, réponds-moi, Éternel, mon Dieu! Donne à mes yeux la clarté, Afin que je ne m'endorme pas du sommeil de la mort,

**13.5**
Afin que mon ennemi ne dise pas : Je l'ai vaincu! Et que mes adversaires ne se réjouissent pas, si je chancelle.

**13.6**
Moi, j'ai confiance en ta bonté, J'ai de l'allégresse dans le cœur, à cause de ton salut; Je chante à l'Éternel, car il m'a fait du bien.

## PSAUME 14

**14.1**
Au chef des chantres. De David. L'insensé dit en son cœur : Il n'y a point de Dieu! Ils se sont corrompus, ils ont commis des actions abominables; Il n'en est aucun qui fasse le bien.

**14.2**
L'Éternel, du haut des cieux, regarde les fils de l'homme, Pour voir s'il y a quelqu'un qui soit intelligent, Qui cherche Dieu.

**14.3**
Tous sont égarés, tous sont pervertis ; Il n'en est aucun qui fasse le bien, Pas même un seul.

**14.4**
Tous ceux qui commettent l'iniquité ont-ils perdu le sens ? Ils dévorent mon peuple, ils le prennent pour nourriture ; Ils n'invoquent point l'Éternel.

**14.5**
C'est alors qu'ils trembleront d'épouvante, Quand Dieu paraîtra au milieu de la race juste.

**14.6**
Jetez l'opprobre sur l'espérance du malheureux... L'Éternel est son refuge.

**14.7**
Oh ! qui fera partir de Sion la délivrance d'Israël ? Quand l'Éternel ramènera les captifs de son peuple, Jacob sera dans l'allégresse, Israël se réjouira.

## PSAUME 15

**15.1**
Psaume de David. Ô Éternel ! qui séjournera dans ta tente ? Qui demeurera sur ta montagne sainte ?

**15.2**
Celui qui marche dans l'intégrité, qui pratique la justice Et qui dit la vérité selon son cœur.

**15.3**

Il ne calomnie point avec sa langue, Il ne fait point de mal à son semblable, Et il ne jette point l'opprobre sur son prochain.

**15.4**

Il regarde avec dédain celui qui est méprisable, Mais il honore ceux qui craignent l'Éternel ; Il ne se rétracte point, s'il fait un serment à son préjudice.

**15.5**

Il n'exige point d'intérêt de son argent, Et il n'accepte point de don contre l'innocent. Celui qui se conduit ainsi ne chancelle jamais.

## PSAUME 16

**16.1**

Hymne de David. Garde-moi, ô Dieu ! car je cherche en toi mon refuge.

**16.2**

Je dis à l'Éternel : Tu es mon Seigneur, Tu es mon souverain bien !

**16.3**

Les saints qui sont dans le pays, Les hommes pieux sont l'objet de toute mon affection.

**16.4**

On multiplie les idoles, on court après les dieux étrangers : Je ne répands pas leurs libations de sang, Je ne mets pas leurs noms sur mes lèvres.

**16.5**

L'Éternel est mon partage et mon calice ; C'est toi qui m'assures mon lot ;

**16.6**
Un héritage délicieux m'est échu, Une belle possession m'est accordée.

**16.7**
Je bénis l'Éternel, mon conseiller ; La nuit même mon cœur m'exhorte.

**16.8**
J'ai constamment l'Éternel sous mes yeux ; Quand il est à ma droite, je ne chancelle pas.

**16.9**
Aussi mon cœur est dans la joie, mon esprit dans l'allégresse, Et mon corps repose en sécurité.

**16.10**
Car tu ne livreras pas mon âme au séjour des morts, Tu ne permettras pas que ton bien-aimé voie la corruption.

**16.11**
Tu me feras connaître le sentier de la vie ; Il y a d'abondantes joies devant ta face, Des délices éternelles à ta droite.

## PSAUME 17

**17.1**
Prière de David. Éternel ! écoute la droiture, sois attentif à mes cris, Prête l'oreille à ma prière faite avec des lèvres sans tromperie !

**17.2**
Que ma justice paraisse devant ta face, Que tes yeux contemplent mon intégrité !

**17.3**

Si tu sondes mon cœur, si tu le visites la nuit, Si tu m'éprouves, tu ne trouveras rien : Ma pensée n'est pas autre que ce qui sort de ma bouche.

**17.4**

À la vue des actions des hommes, fidèle à la parole de tes lèvres, Je me tiens en garde contre la voie des violents ;

**17.5**

Mes pas sont fermes dans tes sentiers, Mes pieds ne chancellent point.

**17.6**

Je t'invoque, car tu m'exauces, ô Dieu ! Incline vers moi ton oreille, écoute ma parole !

**17.7**

Signale ta bonté, toi qui sauves ceux qui cherchent un refuge, Et qui par ta droite les délivres de leurs adversaires !

**17.8**

Garde-moi comme la prunelle de l'œil; Protège-moi, à l'ombre de tes ailes,

**17.9**

Contre les méchants qui me persécutent, Contre mes ennemis acharnés qui m'enveloppent.

**17.10**

Ils ferment leurs entrailles, Ils ont à la bouche des paroles hautaines.

**17.11**

Ils sont sur nos pas, déjà ils nous entourent, Ils nous épient pour nous terrasser.

**17.12**
On dirait un lion avide de déchirer, Un lionceau aux aguets dans son repaire.

**17.13**
Lève-toi, Éternel, marche à sa rencontre, renverse-le! Délivre-moi du méchant par ton glaive!

**17.14**
Délivre-moi des hommes par ta main, Éternel, des hommes de ce monde! Leur part est dans la vie, Et tu remplis leur ventre de tes biens; Leurs enfants sont rassasiés, Et ils laissent leur superflu à leurs petits-enfants.

**17.15**
Pour moi, dans mon innocence, je verrai ta face; Dès le réveil, je me rassasierai de ton image.

## PSAUME 18

**18.1**
Au chef des chantres. Du serviteur de l'Éternel, de David, qui adressa à l'Éternel les paroles de ce cantique, lorsque l'Éternel l'eut délivré de la main de tous ses ennemis et de la main de Saül. Il dit :

**18.2**
Je t'aime, ô Éternel, ma force!

**18.3**
Éternel, mon rocher, ma forteresse, mon libérateur! Mon Dieu, mon rocher, où je trouve un abri! Mon bouclier, la force qui me sauve, ma haute retraite!

**18.4**
Je m'écrie : Loué soit l'Éternel! Et je suis délivré de mes ennemis.

**18.5**
Les liens de la mort m'avaient environné, Et les torrents de la destruction m'avaient épouvanté ;

**18.6**
Les liens du sépulcre m'avaient entouré, Les filets de la mort m'avaient surpris.

**18.7**
Dans ma détresse, j'ai invoqué l'Éternel, J'ai crié à mon Dieu; De son palais, il a entendu ma voix, Et mon cri est parvenu devant lui à ses oreilles.

**18.8**
La terre fut ébranlée et trembla, Les fondements des montagnes frémirent, Et ils furent ébranlés, parce qu'il était irrité.

**18.9**
Il s'élevait de la fumée dans ses narines, Et un feu dévorant sortait de sa bouche : Il en jaillissait des charbons embrasés.

**18.10**
Il abaissa les cieux, et il descendit : Il y avait une épaisse nuée sous ses pieds.

**18.11**
Il était monté sur un chérubin, et il volait, Il planait sur les ailes du vent.

**18.12**
Il faisait des ténèbres sa retraite, sa tente autour de lui, Il était enveloppé des eaux obscures et de sombres nuages.

**18.13**
De la splendeur qui le précédait s'échappaient les nuées, Lançant de la grêle et des charbons de feu.

**18.14**
L'Éternel tonna dans les cieux, Le Très-Haut fit retentir sa voix, Avec la grêle et les charbons de feu.

**18.15**
Il lança ses flèches et dispersa mes ennemis, Il multiplia les coups de la foudre et les mit en déroute.

**18.16**
Le lit des eaux apparut, Les fondements du monde furent découverts, Par ta menace, ô Éternel ! Par le bruit du souffle de tes narines.

**18.17**
Il étendit sa main d'en haut, il me saisit, Il me retira des grandes eaux ;

**18.18**
Il me délivra de mon adversaire puissant, De mes ennemis qui étaient plus forts que moi.

**18.19**
Ils m'avaient surpris au jour de ma détresse ; Mais l'Éternel fut mon appui.

**18.20**
Il m'a mis au large, Il m'a sauvé, parce qu'il m'aime.

**18.21**
L'Éternel m'a traité selon ma droiture, Il m'a rendu selon la pureté de mes mains ;

**18.22**
Car j'ai observé les voies de l'Éternel, Et je n'ai point été coupable envers mon Dieu.

**18.23**
Toutes ses ordonnances ont été devant moi, Et je ne me suis point écarté de ses lois.

**18.24**
J'ai été sans reproche envers lui, Et je me suis tenu en garde contre mon iniquité.

**18.25**
Aussi l'Éternel m'a rendu selon ma droiture, Selon la pureté de mes mains devant ses yeux.

**18.26**
Avec celui qui est bon tu te montres bon, Avec l'homme droit tu agis selon la droiture,

**18.27**
Avec celui qui est pur tu te montres pur, Et avec le pervers tu agis selon sa perversité.

**18.28**
Tu sauves le peuple qui s'humilie, Et tu abaisses les regards hautains.

**18.29**
Oui, tu fais briller ma lumière ; L'Éternel, mon Dieu, éclaire mes ténèbres.

**18.30**
Avec toi je me précipite sur une troupe en armes, Avec mon Dieu je franchis une muraille.

**18.31**
Les voies de Dieu sont parfaites, La parole de l'Éternel est éprouvée; Il est un bouclier pour tous ceux qui se confient en lui.

**18.32**
Car qui est Dieu, si ce n'est l'Éternel; Et qui est un rocher, si ce n'est notre Dieu?

**18.33**
C'est Dieu qui me ceint de force, Et qui me conduit dans la voie droite.

**18.34**
Il rend mes pieds semblables à ceux des biches, Et il me place sur mes lieux élevés.

**18.35**
Il exerce mes mains au combat, Et mes bras tendent l'arc d'airain.

**18.36**
Tu me donnes le bouclier de ton salut, Ta droite me soutient, Et je deviens grand par ta bonté.

**18.37**
Tu élargis le chemin sous mes pas, Et mes pieds ne chancellent point.

**18.38**
Je poursuis mes ennemis, je les atteins, Et je ne reviens pas avant de les avoir anéantis.

**18.39**
Je les brise, et ils ne peuvent se relever; Ils tombent sous mes pieds.

**18.40**

Tu me ceins de force pour le combat, Tu fais plier sous moi mes adversaires.

**18.41**

Tu fais tourner le dos à mes ennemis devant moi, Et j'extermine ceux qui me haïssent.

**18.42**

Ils crient, et personne pour les sauver ! Ils crient à l'Éternel, et il ne leur répond pas !

**18.43**

Je les broie comme la poussière qu'emporte le vent, Je les foule comme la boue des rues.

**18.44**

Tu me délivres des dissensions du peuple ; Tu me mets à la tête des nations ; Un peuple que je ne connaissais pas m'est asservi.

**18.45**

Ils m'obéissent au premier ordre, Les fils de l'étranger me flattent ;

**18.46**

Les fils de l'étranger sont en défaillance, Ils tremblent hors de leurs forteresses.

**18.47**

Vive l'Éternel, et béni soit mon rocher ! Que le Dieu de mon salut soit exalté,

**18.48**

Le Dieu qui est mon vengeur, Qui m'assujettit les peuples,

**18.49**

Qui me délivre de mes ennemis ! Tu m'élèves au-dessus de mes adversaires, Tu me sauves de l'homme violent.

**18.50**
C'est pourquoi je te louerai parmi les nations, ô Éternel! Et je chanterai à la gloire de ton nom.

**18.51**
Il accorde de grandes délivrances à son roi, Et il fait miséricorde à son oint, À David, et à sa postérité, pour toujours.

## PSAUME 19

**19.1**
Au chef des chantres. Psaume de David.

**19.2**
Les cieux racontent la gloire de Dieu, Et l'étendue manifeste l'œuvre de ses mains.

**19.3**
Le jour en instruit un autre jour, La nuit en donne connaissance à une autre nuit.

**19.4**
Ce n'est pas un langage, ce ne sont pas des paroles Dont le son ne soit point entendu :

**19.5**
Leur retentissement parcourt toute la terre, Leurs accents vont aux extrémités du monde, Où il a dressé une tente pour le soleil.

**19.6**
Et le soleil, semblable à un époux qui sort de sa chambre, S'élance dans la carrière avec la joie d'un héros;

**19.7**
Il se lève à une extrémité des cieux, Et achève sa course à l'autre extrémité : Rien ne se dérobe à sa chaleur.

**19.8**

La loi de l'Éternel est parfaite, elle restaure l'âme ; Le témoignage de l'Éternel est véritable, il rend sage l'ignorant.

**19.9**

Les ordonnances de l'Éternel sont droites, elles réjouissent le cœur ; Les commandements de l'Éternel sont purs, ils éclairent les yeux.

**19.10**

La crainte de l'Éternel est pure, elle subsiste à toujours ; Les jugements de l'Éternel sont vrais, ils sont tous justes.

**19.11**

Ils sont plus précieux que l'or, que beaucoup d'or fin ; Ils sont plus doux que le miel, que celui qui coule des rayons.

**19.12**

Ton serviteur aussi en reçoit instruction ; Pour qui les observe la récompense est grande.

**19.13**

Qui connaît ses égarements ? Pardonne-moi ceux que j'ignore.

**19.14**

Préserve aussi ton serviteur des orgueilleux ; Qu'ils ne dominent point sur moi ! Alors je serai intègre, innocent de grands péchés.

**19.15**

Reçois favorablement les paroles de ma bouche Et les sentiments de mon cœur, Ô Éternel, mon rocher et mon libérateur !

# PSAUME 20

**20.1**
Au chef des chantres. Psaume de David.

**20.2**
Que l'Éternel t'exauce au jour de la détresse, Que le nom du Dieu de Jacob te protège!

**20.3**
Que du sanctuaire il t'envoie du secours, Que de Sion il te soutienne!

**20.4**
Qu'il se souvienne de toutes tes offrandes, Et qu'il agrée tes holocaustes!

**20.5**
Qu'il te donne ce que ton cœur désire, Et qu'il accomplisse tous tes desseins!

**20.6**
Nous nous réjouirons de ton salut, Nous lèverons l'étendard au nom de notre Dieu; L'Éternel exaucera tous tes vœux.

**20.7**
Je sais déjà que l'Éternel sauve son oint; Il l'exaucera des cieux, de sa sainte demeure, Par le secours puissant de sa droite.

**20.8**
Ceux-ci s'appuient sur leurs chars, ceux-là sur leurs chevaux; Nous, nous invoquons le nom de l'Éternel, notre Dieu.

**20.9**
Eux, ils plient, et ils tombent; Nous, nous tenons ferme, et restons debout.

**20.10**

Éternel, sauve le roi! Qu'il nous exauce, quand nous l'invoquons!

## PSAUME 21

**21.1**

Au chef des chantres: Psaume de David.

**21.2**

Éternel! le roi se réjouit de ta protection puissante. Oh! comme ton secours le remplit d'allégresse!

**21.3**

Tu lui as donné ce que désirait son cœur, Et tu n'as pas refusé ce que demandaient ses lèvres.

**21.4**

Car tu l'as prévenu par les bénédictions de ta grâce, Tu as mis sur sa tête une couronne d'or pur.

**21.5**

Il te demandait la vie, tu la lui as donnée, Une vie longue pour toujours et à perpétuité.

**21.6**

Sa gloire est grande à cause de ton secours; Tu places sur lui l'éclat et la magnificence.

**21.7**

Tu le rends à jamais un objet de bénédictions, Tu le combles de joie devant ta face.

**21.8**

Le roi se confie en l'Éternel; Et, par la bonté du Très-Haut, il ne chancelle pas.

**21.9**
Ta main trouvera tous tes ennemis, Ta droite trouvera ceux qui te haïssent.

**21.10**
Tu les rendras tels qu'une fournaise ardente, Le jour où tu te montreras ; L'Éternel les anéantira dans sa colère, Et le feu les dévorera.

**21.11**
Tu feras disparaître leur postérité de la terre, Et leur race du milieu des fils de l'homme.

**21.12**
Ils ont projeté du mal contre toi, Ils ont conçu de mauvais desseins, mais ils seront impuissants.

**21.13**
Car tu leur feras tourner le dos, Et avec ton arc tu tireras sur eux.

**21.14**
Lève-toi, Éternel, avec ta force ! Nous voulons chanter, célébrer ta puissance.

## PSAUME 22

**22.1**
Au chef des chantres. Sur « Biche de l'aurore ». Psaume de David.

**22.2**
Mon Dieu ! mon Dieu ! pourquoi m'as-tu abandonné, Et t'éloignes-tu sans me secourir, sans écouter mes plaintes ?

**22.3**

Mon Dieu ! je crie le jour, et tu ne réponds pas ; La nuit, et je n'ai point de repos.

**22.4**

Pourtant tu es le Saint, Tu sièges au milieu des louanges d'Israël.

**22.5**

En toi se confiaient nos pères ; Ils se confiaient, et tu les délivrais.

**22.6**

Ils criaient à toi, et ils étaient sauvés ; Ils se confiaient en toi, et ils n'étaient point confus.

**22.7**

Et moi, je suis un ver et non un homme, L'opprobre des hommes et le méprisé du peuple.

**22.8**

Tous ceux qui me voient se moquent de moi, Ils ouvrent la bouche, secouent la tête :

**22.9**

Recommande-toi à l'Éternel ! L'Éternel le sauvera, Il le délivrera, puisqu'il l'aime !

**22.10**

Oui, tu m'as fait sortir du sein maternel, Tu m'as mis en sûreté sur les mamelles de ma mère ;

**22.11**

Dès le sein maternel j'ai été sous ta garde, Dès le ventre de ma mère tu as été mon Dieu.

**22.12**

Ne t'éloigne pas de moi quand la détresse est proche, Quand personne ne vient à mon secours !

**22.13**

De nombreux taureaux sont autour de moi, Des taureaux de Basan m'environnent.

**22.14**

Ils ouvrent contre moi leur gueule, Semblables au lion qui déchire et rugit.

**22.15**

Je suis comme de l'eau qui s'écoule, Et tous mes os se séparent; Mon cœur est comme de la cire, Il se fond dans mes entrailles.

**22.16**

Ma force se dessèche comme l'argile, Et ma langue s'attache à mon palais; Tu me réduis à la poussière de la mort.

**22.17**

Car des chiens m'environnent, Une bande de scélérats rôdent autour de moi, Ils ont percé mes mains et mes pieds.

**22.18**

Je pourrais compter tous mes os. Eux, ils observent, ils me regardent;

**22.19**

Ils se partagent mes vêtements, Ils tirent au sort ma tunique.

**22.20**

Et toi, Éternel, ne t'éloigne pas! Toi qui es ma force, viens en hâte à mon secours!

**22.21**

Protège mon âme contre le glaive, Ma vie contre le pouvoir des chiens!

**22.22**

Sauve-moi de la gueule du lion, Délivre-moi des cornes du buffle!

**22.23**

Je publierai ton nom parmi mes frères, Je te célébrerai au milieu de l'assemblée.

**22.24**

Vous qui craignez l'Éternel, louez-le! Vous tous, postérité de Jacob, glorifiez-le! Tremblez devant lui, vous tous, postérité d'Israël!

**22.25**

Car il n'a ni mépris ni dédain pour les peines du misérable, Et il ne lui cache point sa face; Mais il l'écoute quand il crie à lui.

**22.26**

Tu seras dans la grande assemblée l'objet de mes louanges; J'accomplirai mes vœux en présence de ceux qui te craignent.

**22.27**

Les malheureux mangeront et se rassasieront, Ceux qui cherchent l'Éternel le célébreront. Que votre cœur vive à toujours!

**22.28**

Toutes les extrémités de la terre penseront à l'Éternel et se tourneront vers lui; Toutes les familles des nations se prosterneront devant ta face.

**22.29**

Car à l'Éternel appartient le règne : Il domine sur les nations.

**22.30**

Tous les puissants de la terre mangeront et se prosterneront aussi; Devant lui s'inclineront tous ceux qui descendent dans la poussière, Ceux qui ne peuvent conserver leur vie.

**22.31**
La postérité le servira ; On parlera du Seigneur à la génération future.

**22.32**
Quand elle viendra, elle annoncera sa justice, Elle annoncera son œuvre au peuple nouveau-né.

## PSAUME 23

**23.1**
Cantique de David. L'Éternel est mon berger : je ne manquerai de rien.

**23.2**
Il me fait reposer dans de verts pâturages, Il me dirige près des eaux paisibles.

**23.3**
Il restaure mon âme, Il me conduit dans les sentiers de la justice, À cause de son nom.

**23.4**
Quand je marche dans la vallée de l'ombre de la mort, Je ne crains aucun mal, car tu es avec moi : Ta houlette et ton bâton me rassurent.

**23.5**
Tu dresses devant moi une table, En face de mes adversaires ; Tu oins d'huile ma tête, Et ma coupe déborde.

**23.6**
Oui, le bonheur et la grâce m'accompagneront Tous les jours de ma vie, Et j'habiterai dans la maison de l'Éternel Jusqu'à la fin de mes jours.

## PSAUME 24

**24.1**
Psaume de David. À l'Éternel la terre et ce qu'elle renferme, Le monde et ceux qui l'habitent !

**24.2**
Car il l'a fondée sur les mers, Et affermie sur les fleuves.

**24.3**
Qui pourra monter à la montagne de l'Éternel ? Qui s'élèvera jusqu'à son lieu saint ?

**24.4**
Celui qui a les mains innocentes et le cœur pur ; Celui qui ne livre pas son âme au mensonge, Et qui ne jure pas pour tromper.

**24.5**
Il obtiendra la bénédiction de l'Éternel, La miséricorde du Dieu de son salut.

**24.6**
Voilà le partage de la génération qui l'invoque, De ceux qui cherchent ta face, de Jacob !

**24.7**
Portes, élevez vos linteaux ; Élevez-vous, portes éternelles ! Que le roi de gloire fasse son entrée !

**24.8**
Qui est ce roi de gloire ? L'Éternel fort et puissant, L'Éternel puissant dans les combats.

**24.9**
Portes, élevez vos linteaux ; Élevez-les, portes éternelles ! Que le roi de gloire fasse son entrée !

**24.10**
Qui donc est ce roi de gloire ? L'Éternel des armées : Voilà le roi de gloire !

## PSAUME 25

**25.1**
De David. Éternel ! j'élève à toi mon âme.

**25.2**
Mon Dieu ! en toi je me confie : que je ne sois pas couvert de honte ! Que mes ennemis ne se réjouissent pas à mon sujet !

**25.3**
Tous ceux qui espèrent en toi ne seront point confondus ; Ceux-là seront confondus qui sont infidèles sans cause.

**25.4**
Éternel ! fais-moi connaître tes voies, Enseigne-moi tes sentiers.

**25.5**
Conduis-moi dans ta vérité, et instruis-moi ; Car tu es le Dieu de mon salut, Tu es toujours mon espérance.

**25.6**
Éternel ! souviens-toi de ta miséricorde et de ta bonté ; Car elles sont éternelles.

**25.7**
Ne te souviens pas des fautes de ma jeunesse ni de mes transgressions ; Souviens-toi de moi selon ta miséricorde, À cause de ta bonté, ô Éternel !

**25.8**
L'Éternel est bon et droit : C'est pourquoi il montre aux pécheurs la voie.

**25.9**
Il conduit les humbles dans la justice, Il enseigne aux humbles sa voie.

**25.10**
Tous les sentiers de l'Éternel sont miséricorde et fidélité, Pour ceux qui gardent son alliance et ses commandements.

**25.11**
C'est à cause de ton nom, ô Éternel! Que tu pardonneras mon iniquité, car elle est grande.

**25.12**
Quel est l'homme qui craint l'Éternel? L'Éternel lui montre la voie qu'il doit choisir.

**25.13**
Son âme reposera dans le bonheur, Et sa postérité possédera le pays.

**25.14**
L'amitié de l'Éternel est pour ceux qui le craignent, Et son alliance leur donne instruction.

**25.15**
Je tourne constamment les yeux vers l'Éternel, Car il fera sortir mes pieds du filet.

**25.16**
Regarde-moi et aie pitié de moi, Car je suis abandonné et malheureux.

**25.17**
Les angoisses de mon cœur augmentent; Tire-moi de ma détresse.

**25.18**
Vois ma misère et ma peine, Et pardonne tous mes péchés.

**25.19**
Vois combien mes ennemis sont nombreux, Et de quelle haine violente ils me poursuivent.

**25.20**
Garde mon âme et sauve-moi! Que je ne sois pas confus, Quand je cherche auprès de toi mon refuge!

**25.21**
Que l'innocence et la droiture me protègent, Quand je mets en toi mon espérance!

**25.22**
Ô Dieu! délivre Israël De toutes ses détresses!

## PSAUME 26

**26.1**
De David. Rends-moi justice, Éternel! car je marche dans l'intégrité, Je me confie en l'Éternel, je ne chancelle pas.

**26.2**
Sonde-moi, Éternel! éprouve-moi, Fais passer au creuset mes reins et mon cœur;

**26.3**
Car ta grâce est devant mes yeux, Et je marche dans ta vérité.

**26.4**
Je ne m'assieds pas avec les hommes faux, Je ne vais pas avec les gens dissimulés ;

**26.5**
Je hais l'assemblée de ceux qui font le mal, Je ne m'assieds pas avec les méchants.

**26.6**
Je lave mes mains dans l'innocence, Et je vais autour de ton autel, ô Éternel !

**26.7**
Pour éclater en actions de grâces, Et raconter toutes tes merveilles.

**26.8**
Éternel ! j'aime le séjour de ta maison, Le lieu où ta gloire habite.

**26.9**
N'enlève pas mon âme avec les pécheurs, Ma vie avec les hommes de sang,

**26.10**
Dont les mains sont criminelles Et la droite pleine de présents !

**26.11**
Moi, je marche dans l'intégrité ; Délivre-moi et aie pitié de moi !

**26.12**
Mon pied est ferme dans la droiture : Je bénirai l'Éternel dans les assemblées.

# PSAUME 27

**27.1**
De David. L'Éternel est ma lumière et mon salut : De qui aurais-je crainte? L'Éternel est le soutien de ma vie : De qui aurais-je peur?

**27.2**
Quand des méchants s'avancent contre moi, Pour dévorer ma chair, Ce sont mes persécuteurs et mes ennemis Qui chancellent et tombent.

**27.3**
Si une armée se campait contre moi, Mon cœur n'aurait aucune crainte; Si une guerre s'élevait contre moi, Je serais malgré cela plein de confiance.

**27.4**
Je demande à l'Éternel une chose, que je désire ardemment : Je voudrais habiter toute ma vie dans la maison de l'Éternel, Pour contempler la magnificence de l'Éternel Et pour admirer son temple.

**27.5**
Car il me protégera dans son tabernacle au jour du malheur, Il me cachera sous l'abri de sa tente; Il m'élèvera sur un rocher.

**27.6**
Et déjà ma tête s'élève sur mes ennemis qui m'entourent; J'offrirai des sacrifices dans sa tente, au son de la trompette; Je chanterai, je célébrerai l'Éternel.

**27.7**
Éternel! écoute ma voix, je t'invoque : Aie pitié de moi et exauce-moi!

**27.8**

Mon cœur dit de ta part : Cherchez ma face! Je cherche ta face, ô Éternel!

**27.9**

Ne me cache point ta face, Ne repousse pas avec colère ton serviteur! Tu es mon secours, ne me laisse pas, ne m'abandonne pas, Dieu de mon salut!

**27.10**

Car mon père et ma mère m'abandonnent, Mais l'Éternel me recueillera.

**27.11**

Éternel! enseigne-moi ta voie, Conduis-moi dans le sentier de la droiture, À cause de mes ennemis.

**27.12**

Ne me livre pas au bon plaisir de mes adversaires, Car il s'élève contre moi de faux témoins Et des gens qui ne respirent que la violence.

**27.13**

Oh! si je n'étais pas sûr de voir la bonté de l'Éternel Sur la terre des vivants!

**27.14**

Espère en l'Éternel! Fortifie-toi et que ton cœur s'affermisse! Espère en l'Éternel!

## PSAUME 28

**28.1**

De David. Éternel! c'est à toi que je crie. Mon rocher! ne reste pas sourd à ma voix, De peur que, si tu t'éloignes sans me répondre, Je ne sois semblable à ceux qui descendent dans la fosse.

**28.2**

Écoute la voix de mes supplications, quand je crie à toi, Quand j'élève mes mains vers ton sanctuaire.

**28.3**

Ne m'emporte pas avec les méchants et les hommes iniques, Qui parlent de paix à leur prochain et qui ont la malice dans le cœur.

**28.4**

Rends-leur selon leurs œuvres et selon la malice de leurs actions, Rends-leur selon l'ouvrage de leurs mains ; Donne-leur le salaire qu'ils méritent.

**28.5**

Car ils ne sont pas attentifs aux œuvres de l'Éternel, À l'ouvrage de ses mains. Qu'il les renverse et ne les relève point !

**28.6**

Béni soit l'Éternel ! Car il exauce la voix de mes supplications.

**28.7**

L'Éternel est ma force et mon bouclier ; En lui mon cœur se confie, et je suis secouru ; J'ai de l'allégresse dans le cœur, Et je le loue par mes chants.

**28.8**

L'Éternel est la force de son peuple, Il est le rocher des délivrances de son oint.

**28.9**

Sauve ton peuple et bénis ton héritage ! Sois leur berger et leur soutien pour toujours !

## PSAUME 29

**29.1**

Psaume de David. Fils de Dieu, rendez à l'Éternel, Rendez à l'Éternel gloire et honneur !

**29.2**

Rendez à l'Éternel gloire pour son nom ! Prosternez-vous devant l'Éternel avec des ornements sacrés !

**29.3**

La voix de l'Éternel retentit sur les eaux, Le Dieu de gloire fait gronder le tonnerre ; L'Éternel est sur les grandes eaux.

**29.4**

La voix de l'Éternel est puissante, La voix de l'Éternel est majestueuse.

**29.5**

La voix de l'Éternel brise les cèdres ; L'Éternel brise les cèdres du Liban,

**29.6**

Il les fait bondir comme des veaux, Et le Liban et le Sirion comme de jeunes buffles.

**29.7**

La voix de l'Éternel fait jaillir des flammes de feu.

**29.8**

La voix de l'Éternel fait trembler le désert ; L'Éternel fait trembler le désert de Kadès.

**29.9**

La voix de l'Éternel fait enfanter les biches, Elle dépouille les forêts. Dans son palais tout s'écrie : Gloire !

**29.10**
L'Éternel était sur son trône lors du déluge ; L'Éternel sur son trône règne éternellement.

**29.11**
L'Éternel donne la force à son peuple ; L'Éternel bénit son peuple et le rend heureux.

## PSAUME 30

**30.1**
Psaume. Cantique pour la dédicace de la maison. De David.

**30.2**
Je t'exalte, ô Éternel, car tu m'as relevé, Tu n'as pas voulu que mes ennemis se réjouissent à mon sujet.

**30.3**
Éternel, mon Dieu ! J'ai crié à toi, et tu m'as guéri.

**30.4**
Éternel ! tu as fait remonter mon âme du séjour des morts, Tu m'as fait revivre loin de ceux qui descendent dans la fosse.

**30.5**
Chantez à l'Éternel, vous qui l'aimez, Célébrez par vos louanges sa sainteté !

**30.6**
Car sa colère dure un instant, Mais sa grâce toute la vie ; Le soir arrivent les pleurs, Et le matin l'allégresse.

**30.7**
Je disais dans ma sécurité : Je ne chancellerai jamais !

**30.8**
Éternel! par ta grâce tu avais affermi ma montagne… Tu cachas ta face, et je fus troublé.

**30.9**
Éternel! j'ai crié à toi, J'ai imploré l'Éternel :

**30.10**
Que gagnes-tu à verser mon sang, À me faire descendre dans la fosse? La poussière a-t-elle pour toi des louanges? Raconte-t-elle ta fidélité?

**30.11**
Écoute, Éternel, aie pitié de moi! Éternel, secours-moi!

**30.12**
Et tu as changé mes lamentations en allégresse, Tu as délié mon sac, et tu m'as ceint de joie,

**30.13**
Afin que mon cœur te chante et ne soit pas muet. Éternel, mon Dieu! je te louerai toujours.

## PSAUME 31

**31.1**
Au chef des chantres. Psaume de David.

**31.2**
Éternel! je cherche en toi mon refuge : Que jamais je ne sois confondu! Délivre-moi dans ta justice!

**31.3**
Incline vers moi ton oreille, hâte-toi de me secourir! Sois pour moi un rocher protecteur, une forteresse, Où je trouve mon salut!

**31.4**
Car tu es mon rocher, ma forteresse ; Et à cause de ton nom tu me conduiras, tu me dirigeras.

**31.5**
Tu me feras sortir du filet qu'ils m'ont tendu ; Car tu es mon protecteur.

**31.6**
Je remets mon esprit entre tes mains ; Tu me délivreras, Éternel, Dieu de vérité !

**31.7**
Je hais ceux qui s'attachent à de vaines idoles, Et je me confie en l'Éternel.

**31.8**
Je serai par ta grâce dans l'allégresse et dans la joie ; Car tu vois ma misère, tu sais les angoisses de mon âme,

**31.9**
Et tu ne me livreras pas aux mains de l'ennemi, Tu mettras mes pieds au large.

**31.10**
Aie pitié de moi, Éternel ! car je suis dans la détresse ; J'ai le visage, l'âme et le corps usés par le chagrin.

**31.11**
Ma vie se consume dans la douleur, Et mes années dans les soupirs ; Ma force est épuisée à cause de mon iniquité, Et mes os dépérissent.

**31.12**
Tous mes adversaires m'ont rendu un objet d'opprobre, De grand opprobre pour mes voisins, et de terreur pour mes amis ; Ceux qui me voient dehors s'enfuient loin de moi.

**31.13**
Je suis oublié des cœurs comme un mort, Je suis comme un vase brisé.

**31.14**
J'apprends les mauvais propos de plusieurs, L'épouvante qui règne à l'entour, Quand ils se concertent ensemble contre moi : Ils complotent de m'ôter la vie.

**31.15**
Mais en toi je me confie, ô Éternel ! Je dis : Tu es mon Dieu !

**31.16**
Mes destinées sont dans ta main ; Délivre-moi de mes ennemis et de mes persécuteurs !

**31.17**
Fais luire ta face sur ton serviteur, Sauve-moi par ta grâce !

**31.18**
Éternel, que je ne sois pas confondu quand je t'invoque. Que les méchants soient confondus, Qu'ils descendent en silence au séjour des morts !

**31.19**
Qu'elles deviennent muettes, les lèvres menteuses, Qui parlent avec audace contre le juste, Avec arrogance et dédain !

**31.20**
Oh ! combien est grande ta bonté, Que tu tiens en réserve pour ceux qui te craignent, Que tu témoignes à ceux qui cherchent en toi leur refuge, À la vue des fils de l'homme !

**31.21**
Tu les protèges sous l'abri de ta face contre ceux qui les persécutent, Tu les protèges dans ta tente contre les langues qui les attaquent.

**31.22**
Béni soit l'Éternel! Car il a signalé sa grâce envers moi, Comme si j'avais été dans une ville forte.

**31.23**
Je disais dans ma précipitation : Je suis chassé loin de ton regard! Mais tu as entendu la voix de mes supplications, Quand j'ai crié vers toi.

**31.24**
Aimez l'Éternel, vous qui avez de la piété! L'Éternel garde les fidèles, Et il punit sévèrement les orgueilleux.

**31.25**
Fortifiez-vous et que votre cœur s'affermisse, Vous tous qui espérez en l'Éternel!

## PSAUME 32

**32.1**
De David. Cantique. Heureux celui à qui la transgression est remise, À qui le péché est pardonné!

**32.2**
Heureux l'homme à qui l'Éternel n'impute pas d'iniquité, Et dans l'esprit duquel il n'y a point de fraude!

**32.3**
Tant que je me suis tu, mes os se consumaient, Je gémissais toute la journée;

**32.4**
Car nuit et jour ta main s'appesantissait sur moi, Ma vigueur n'était plus que sécheresse, comme celle de l'été.

**32.5**

Je t'ai fait connaître mon péché, je n'ai pas caché mon iniquité; J'ai dit : J'avouerai mes transgressions à l'Éternel! Et tu as effacé la peine de mon péché.

**32.6**

Qu'ainsi tout homme pieux te prie au temps convenable! Si de grandes eaux débordent, elles ne l'atteindront nullement.

**32.7**

Tu es un asile pour moi, tu me garantis de la détresse, Tu m'entoures de chants de délivrance.

**32.8**

Je t'instruirai et te montrerai la voie que tu dois suivre; Je te conseillerai, j'aurai le regard sur toi.

**32.9**

Ne soyez pas comme un cheval ou un mulet sans intelligence; On les bride avec un frein et un mors, dont on les pare, Afin qu'ils ne s'approchent point de toi.

**32.10**

Beaucoup de douleurs sont la part du méchant, Mais celui qui se confie en l'Éternel est environné de sa grâce.

**32.11**

Justes, réjouissez-vous en l'Éternel et soyez dans l'allégresse! Poussez des cris de joie, vous tous qui êtes droits de cœur!

## PSAUME 33

33.1
Justes, réjouissez-vous en l'Éternel! La louange sied aux hommes droits.

33.2
Célébrez l'Éternel avec la harpe, Célébrez-le sur le luth à dix cordes.

33.3
Chantez-lui un cantique nouveau! Faites retentir vos instruments et vos voix!

33.4
Car la parole de l'Éternel est droite, Et toutes ses œuvres s'accomplissent avec fidélité;

33.5
Il aime la justice et la droiture; La bonté de l'Éternel remplit la terre.

33.6
Les cieux ont été faits par la parole de l'Éternel, Et toute leur armée par le souffle de sa bouche.

33.7
Il amoncelle en un tas les eaux de la mer, Il met dans des réservoirs les abîmes.

33.8
Que toute la terre craigne l'Éternel! Que tous les habitants du monde tremblent devant lui!

33.9
Car il dit, et la chose arrive; Il ordonne, et elle existe.

**33.10**
L'Éternel renverse les desseins des nations, Il anéantit les projets des peuples;

**33.11**
Les desseins de l'Éternel subsistent à toujours, Et les projets de son cœur, de génération en génération.

**33.12**
Heureuse la nation dont l'Éternel est le Dieu! Heureux le peuple qu'il choisit pour son héritage!

**33.13**
L'Éternel regarde du haut des cieux, Il voit tous les fils de l'homme;

**33.14**
Du lieu de sa demeure il observe Tous les habitants de la terre,

**33.15**
Lui qui forme leur cœur à tous, Qui est attentif à toutes leurs actions.

**33.16**
Ce n'est pas une grande armée qui sauve le roi, Ce n'est pas une grande force qui délivre le héros;

**33.17**
Le cheval est impuissant pour assurer le salut, Et toute sa vigueur ne donne pas la délivrance.

**33.18**
Voici, l'œil de l'Éternel est sur ceux qui le craignent, Sur ceux qui espèrent en sa bonté,

**33.19**
Afin d'arracher leur âme à la mort Et de les faire vivre au milieu de la famine.

**33.20**
Notre âme espère en l'Éternel; Il est notre secours et notre bouclier.

**33.21**
Car notre cœur met en lui sa joie, Car nous avons confiance en son saint nom.

**33.22**
Éternel! que ta grâce soit sur nous, Comme nous espérons en toi!

## PSAUME 34

**34.1**
De David. Lorsqu'il contrefit l'insensé en présence d'Abimélec, et qu'il s'en alla chassé par lui.

**34.2**
Je bénirai l'Éternel en tout temps; Sa louange sera toujours dans ma bouche.

**34.3**
Que mon âme se glorifie en l'Éternel! Que les malheureux écoutent et se réjouissent!

**34.4**
Exaltez avec moi l'Éternel! Célébrons tous son nom!

**34.5**
J'ai cherché l'Éternel, et il m'a répondu; Il m'a délivré de toutes mes frayeurs.

**34.6**
Quand on tourne vers lui les regards, on est rayonnant de joie, Et le visage ne se couvre pas de honte.

**34.7**

Quand un malheureux crie, l'Éternel entend, Et il le sauve de toutes ses détresses.

**34.8**

L'ange de l'Éternel campe autour de ceux qui le craignent, Et il les arrache au danger.

**34.9**

Sentez et voyez combien l'Éternel est bon ! Heureux l'homme qui cherche en lui son refuge !

**34.10**

Craignez l'Éternel, vous ses saints ! Car rien ne manque à ceux qui le craignent.

**34.11**

Les lionceaux éprouvent la disette et la faim, Mais ceux qui cherchent l'Éternel ne sont privés d'aucun bien.

**34.12**

Venez, mes fils, écoutez-moi ! Je vous enseignerai la crainte de l'Éternel.

**34.13**

Quel est l'homme qui aime la vie, Qui désire la prolonger pour jouir du bonheur ?

**34.14**

Préserve ta langue du mal, Et tes lèvres des paroles trompeuses ;

**34.15**

Éloigne-toi du mal, et fais le bien ; Recherche et poursuis la paix.

**34.16**

Les yeux de l'Éternel sont sur les justes, Et ses oreilles sont attentives à leurs cris.

**34.17**
L'Éternel tourne sa face contre les méchants, Pour retrancher de la terre leur souvenir.

**34.18**
Quand les justes crient, l'Éternel entend, Et il les délivre de toutes leurs détresses ;

**34.19**
L'Éternel est près de ceux qui ont le cœur brisé, Et il sauve ceux qui ont l'esprit dans l'abattement.

**34.20**
Le malheur atteint souvent le juste, Mais l'Éternel l'en délivre toujours.

**34.21**
Il garde tous ses os, Aucun d'eux n'est brisé.

**34.22**
Le malheur tue le méchant, Et les ennemis du juste sont châtiés.

**34.23**
L'Éternel délivre l'âme de ses serviteurs, Et tous ceux qui l'ont pour refuge échappent au châtiment.

## PSAUME 35

**35.1**
De David. Éternel ! défends-moi contre mes adversaires, Combats ceux qui me combattent !

**35.2**
Saisis le petit et le grand bouclier, Et lève-toi pour me secourir !

**35.3**
Brandis la lance et le javelot contre mes persécuteurs! Dis à mon âme : Je suis ton salut!

**35.4**
Qu'ils soient honteux et confus, ceux qui en veulent à ma vie! Qu'ils reculent et rougissent, ceux qui méditent ma perte!

**35.5**
Qu'ils soient comme la balle emportée par le vent, Et que l'ange de l'Éternel les chasse!

**35.6**
Que leur route soit ténébreuse et glissante, Et que l'ange de l'Éternel les poursuive!

**35.7**
Car sans cause ils m'ont tendu leur filet sur une fosse, Sans cause ils l'ont creusée pour m'ôter la vie.

**35.8**
Que la ruine les atteigne à l'improviste, Qu'ils soient pris dans le filet qu'ils ont tendu, Qu'ils y tombent et périssent!

**35.9**
Et mon âme aura de la joie en l'Éternel, De l'allégresse en son salut.

**35.10**
Tous mes os diront : Éternel! qui peut, comme toi, Délivrer le malheureux d'un plus fort que lui, Le malheureux et le pauvre de celui qui le dépouille?

**35.11**
De faux témoins se lèvent : Ils m'interrogent sur ce que j'ignore.

**35.12**
Ils me rendent le mal pour le bien : Mon âme est dans l'abandon.

**35.13**
Et moi, quand ils étaient malades, je revêtais un sac, J'humiliais mon âme par le jeûne, Je priais, la tête penchée sur mon sein.

**35.14**
Comme pour un ami, pour un frère, je me traînais lentement; Comme pour le deuil d'une mère, je me courbais avec tristesse.

**35.15**
Puis, quand je chancelle, ils se réjouissent et s'assemblent, Ils s'assemblent à mon insu pour m'outrager, Ils me déchirent sans relâche;

**35.16**
Avec les impies, les parasites moqueurs, Ils grincent des dents contre moi.

**35.17**
Seigneur! Jusques à quand le verras-tu? Protège mon âme contre leurs embûches, Ma vie contre les lionceaux!

**35.18**
Je te louerai dans la grande assemblée, Je te célébrerai au milieu d'un peuple nombreux.

**35.19**
Que ceux qui sont à tort mes ennemis ne se réjouissent pas à mon sujet, Que ceux qui me haïssent sans cause ne m'insultent pas du regard!

**35.20**

Car ils tiennent un langage qui n'est point celui de la paix, Ils méditent la tromperie contre les gens tranquilles du pays.

**35.21**

Ils ouvrent contre moi leur bouche, Ils disent : Ah ! ah ! nos yeux regardent !

**35.22**

Éternel, tu le vois ! ne reste pas en silence ! Seigneur, ne t'éloigne pas de moi !

**35.23**

Réveille-toi, réveille-toi pour me faire justice ! Mon Dieu et mon Seigneur, défends ma cause !

**35.24**

Juge-moi selon ta justice, Éternel, mon Dieu ! Et qu'ils ne se réjouissent pas à mon sujet !

**35.25**

Qu'ils ne disent pas dans leur cœur : Ah ! voilà ce que nous voulions ! Qu'ils ne disent pas : Nous l'avons englouti !

**35.26**

Que tous ensemble ils soient honteux et confus, Ceux qui se réjouissent de mon malheur ! Qu'ils revêtent l'ignominie et l'opprobre, Ceux qui s'élèvent contre moi !

**35.27**

Qu'ils aient de l'allégresse et de la joie, Ceux qui prennent plaisir à mon innocence, Et que sans cesse ils disent : Exalté soit l'Éternel, Qui veut la paix de son serviteur !

**35.28**

Et ma langue célébrera ta justice, Elle dira tous les jours ta louange.

# PSAUME 36

**36.1**
Au chef des chantres. Du serviteur de l'Éternel, de David.

**36.2**
La parole impie du méchant est au fond de mon cœur ; La crainte de Dieu n'est pas devant ses yeux.

**36.3**
Car il se flatte à ses propres yeux, Pour consommer son iniquité, pour assouvir sa haine.

**36.4**
Les paroles de sa bouche sont fausses et trompeuses ; Il renonce à agir avec sagesse, à faire le bien.

**36.5**
Il médite l'injustice sur sa couche, Il se tient sur une voie qui n'est pas bonne, Il ne repousse pas le mal.

**36.6**
Éternel ! ta bonté atteint jusqu'aux cieux, Ta fidélité jusqu'aux nues.

**36.7**
Ta justice est comme les montagnes de Dieu, Tes jugements sont comme le grand abîme. Éternel ! tu soutiens les hommes et les bêtes.

**36.8**
Combien est précieuse ta bonté, ô Dieu ! À l'ombre de tes ailes les fils de l'homme cherchent un refuge.

**36.9**
Ils se rassasient de l'abondance de ta maison, Et tu les abreuves au torrent de tes délices.

**36.10**
Car auprès de toi est la source de la vie ; Par ta lumière nous voyons la lumière.

**36.11**
Étends ta bonté sur ceux qui te connaissent, Et ta justice sur ceux dont le cœur est droit !

**36.12**
Que le pied de l'orgueil ne m'atteigne pas, Et que la main des méchants ne me fasse pas fuir !

**36.13**
Déjà tombent ceux qui commettent l'iniquité ; Ils sont renversés, et ils ne peuvent se relever.

## PSAUME 37

**37.1**
De David. Ne t'irrite pas contre les méchants, N'envie pas ceux qui font le mal.

**37.2**
Car ils sont fauchés aussi vite que l'herbe, Et ils se flétrissent comme le gazon vert.

**37.3**
Confie-toi en l'Éternel, et pratique le bien ; Aie le pays pour demeure et la fidélité pour pâture.

**37.4**
Fais de l'Éternel tes délices, Et il te donnera ce que ton cœur désire.

**37.5**
Recommande ton sort à l'Éternel, Mets en lui ta confiance, et il agira.

**37.6**

Il fera paraître ta justice comme la lumière, Et ton droit comme le soleil à son midi.

**37.7**

Garde le silence devant l'Éternel, et espère en lui ; Ne t'irrite pas contre celui qui réussit dans ses voies, Contre l'homme qui vient à bout de ses mauvais desseins.

**37.8**

Laisse la colère, abandonne la fureur ; Ne t'irrite pas, ce serait mal faire.

**37.9**

Car les méchants seront retranchés, Et ceux qui espèrent en l'Éternel posséderont le pays.

**37.10**

Encore un peu de temps, et le méchant n'est plus ; Tu regardes le lieu où il était, et il a disparu.

**37.11**

Les misérables possèdent le pays, Et ils jouissent abondamment de la paix.

**37.12**

Le méchant forme des projets contre le juste, Et il grince des dents contre lui.

**37.13**

Le Seigneur se rit du méchant, Car il voit que son jour arrive.

**37.14**

Les méchants tirent le glaive, Ils bandent leur arc, Pour faire tomber le malheureux et l'indigent, Pour égorger ceux dont la voie est droite.

**37.15**
Leur glaive entre dans leur propre cœur, Et leurs arcs se brisent.

**37.16**
Mieux vaut le peu du juste Que l'abondance de beaucoup de méchants ;

**37.17**
Car les bras des méchants seront brisés, Mais l'Éternel soutient les justes.

**37.18**
L'Éternel connaît les jours des hommes intègres, Et leur héritage dure à jamais.

**37.19**
Ils ne sont pas confondus au temps du malheur, Et ils sont rassasiés aux jours de la famine.

**37.20**
Mais les méchants périssent, Et les ennemis de l'Éternel, comme les plus beaux pâturages ; Ils s'évanouissent, ils s'évanouissent en fumée.

**37.21**
Le méchant emprunte, et il ne rend pas ; Le juste est compatissant, et il donne.

**37.22**
Car ceux que bénit l'Éternel possèdent le pays, Et ceux qu'il maudit sont retranchés.

**37.23**
L'Éternel affermit les pas de l'homme, Et il prend plaisir à sa voie ;

**37.24**
S'il tombe, il n'est pas terrassé, Car l'Éternel lui prend la main.

**37.25**
J'ai été jeune, j'ai vieilli ; Et je n'ai point vu le juste abandonné, Ni sa postérité mendiant son pain.

**37.26**
Toujours il est compatissant, et il prête ; Et sa postérité est bénie.

**37.27**
Détourne-toi du mal, fais le bien, Et possède à jamais ta demeure.

**37.28**
Car l'Éternel aime la justice, Et il n'abandonne pas ses fidèles ; Ils sont toujours sous sa garde, Mais la postérité des méchants est retranchée.

**37.29**
Les justes posséderont le pays, Et ils y demeureront à jamais.

**37.30**
La bouche du juste annonce la sagesse, Et sa langue proclame la justice.

**37.31**
La loi de son Dieu est dans son cœur ; Ses pas ne chancellent point.

**37.32**
Le méchant épie le juste, Et il cherche à le faire mourir.

**37.33**
L'Éternel ne le laisse pas entre ses mains, Et il ne le condamne pas quand il est en jugement.

**37.34**
Espère en l'Éternel, garde sa voie, Et il t'élèvera pour que tu possèdes le pays ; Tu verras les méchants retranchés.

**37.35**
J'ai vu le méchant dans toute sa puissance ; Il s'étendait comme un arbre verdoyant.

**37.36**
Il a passé, et voici, il n'est plus ; Je le cherche, et il ne se trouve plus.

**37.37**
Observe celui qui est intègre, et regarde celui qui est droit ; Car il y a une postérité pour l'homme de paix.

**37.38**
Mais les rebelles sont tous anéantis, La postérité des méchants est retranchée.

**37.39**
Le salut des justes vient de l'Éternel ; Il est leur protecteur au temps de la détresse.

**37.40**
L'Éternel les secourt et les délivre ; Il les délivre des méchants et les sauve, Parce qu'ils cherchent en lui leur refuge.

## PSAUME 38

**38.1**
Psaume de David. Pour souvenir.

**38.2**
Éternel ! ne me punis pas dans ta colère, Et ne me châtie pas dans ta fureur.

**38.3**

Car tes flèches m'ont atteint, Et ta main s'est appesantie sur moi.

**38.4**

Il n'y a rien de sain dans ma chair à cause de ta colère, Il n'y a plus de vigueur dans mes os à cause de mon péché.

**38.5**

Car mes iniquités s'élèvent au-dessus de ma tête ; Comme un lourd fardeau, elles sont trop pesantes pour moi.

**38.6**

Mes plaies sont infectes et purulentes, Par l'effet de ma folie.

**38.7**

Je suis courbé, abattu au dernier point; Tout le jour je marche dans la tristesse.

**38.8**

Car un mal brûlant dévore mes entrailles, Et il n'y a rien de sain dans ma chair.

**38.9**

Je suis sans force, entièrement brisé ; Le trouble de mon cœur m'arrache des gémissements.

**38.10**

Seigneur ! tous mes désirs sont devant toi, Et mes soupirs ne te sont point cachés.

**38.11**

Mon cœur est agité, ma force m'abandonne, Et la lumière de mes yeux n'est plus même avec moi.

**38.12**

Mes amis et mes connaissances s'éloignent de ma plaie, Et mes proches se tiennent à l'écart.

**38.13**

Ceux qui en veulent à ma vie tendent leurs pièges ; Ceux qui cherchent mon malheur disent des méchancetés, Et méditent tout le jour des tromperies.

**38.14**

Et moi, je suis comme un sourd, je n'entends pas ; Je suis comme un muet, qui n'ouvre pas la bouche.

**38.15**

Je suis comme un homme qui n'entend pas, Et dans la bouche duquel il n'y a point de réplique.

**38.16**

Éternel ! c'est en toi que j'espère ; Tu répondras, Seigneur, mon Dieu !

**38.17**

Car je dis : Ne permets pas qu'ils se réjouissent à mon sujet, Qu'ils s'élèvent contre moi, si mon pied chancelle !

**38.18**

Car je suis près de tomber, Et ma douleur est toujours devant moi.

**38.19**

Car je reconnais mon iniquité, Je suis dans la crainte à cause de mon péché.

**38.20**

Et mes ennemis sont pleins de vie, pleins de force ; Ceux qui me haïssent sans cause sont nombreux.

**38.21**

Ils me rendent le mal pour le bien ; Ils sont mes adversaires, parce que je recherche le bien.

**38.22**
Ne m'abandonne pas, Éternel! Mon Dieu, ne t'éloigne pas de moi!

**38.23**
Viens en hâte à mon secours, Seigneur, mon salut!

## PSAUME 39

**39.1**
Au chef des chantres. À Jeduthun, Psaume de David.

**39.2**
Je disais : Je veillerai sur mes voies, De peur de pécher par ma langue; Je mettrai un frein à ma bouche, Tant que le méchant sera devant moi.

**39.3**
Je suis resté muet, dans le silence; Je me suis tu, quoique malheureux; Et ma douleur n'était pas moins vive.

**39.4**
Mon cœur brûlait au-dedans de moi, Un feu intérieur me consumait, Et la parole est venue sur ma langue.

**39.5**
Éternel! dis-moi quel est le terme de ma vie, Quelle est la mesure de mes jours; Que je sache combien je suis fragile.

**39.6**
Voici, tu as donné à mes jours la largeur de la main, Et ma vie est comme un rien devant toi. Oui, tout homme debout n'est qu'un souffle.

**39.7**
Oui, l'homme se promène comme une ombre, Il s'agite vainement ; Il amasse, et il ne sait qui recueillera.

**39.8**
Maintenant, Seigneur, que puis-je espérer ? En toi est mon espérance.

**39.9**
Délivre-moi de toutes mes transgressions ! Ne me rends pas l'opprobre de l'insensé !

**39.10**
Je reste muet, je n'ouvre pas la bouche, Car c'est toi qui agis.

**39.11**
Détourne de moi tes coups ! Je succombe sous les attaques de ta main.

**39.12**
Tu châties l'homme en le punissant de son iniquité, Tu détruis comme la teigne ce qu'il a de plus cher. Oui, tout homme est un souffle.

**39.13**
Écoute ma prière, Éternel, et prête l'oreille à mes cris ! Ne sois pas insensible à mes larmes ! Car je suis un étranger chez toi, Un habitant, comme tous mes pères.

**39.14**
Détourne de moi le regard, et laisse-moi respirer, Avant que je m'en aille et que ne sois plus !

## PSAUME 40

**40.1**
Au chef des chantres. De David. Psaume.

**40.2**
J'avais mis en l'Éternel mon espérance; Et il s'est incliné vers moi, il a écouté mes cris.

**40.3**
Il m'a retiré de la fosse de destruction, Du fond de la boue; Et il a dressé mes pieds sur le roc, Il a affermi mes pas.

**40.4**
Il a mis dans ma bouche un cantique nouveau, Une louange à notre Dieu; Beaucoup l'ont vu, et ont eu de la crainte, Et ils se sont confiés en l'Éternel.

**40.5**
Heureux l'homme qui place en l'Éternel sa confiance, Et qui ne se tourne pas vers les hautains et les menteurs!

**40.6**
Tu as multiplié, Éternel, mon Dieu! Tes merveilles et tes desseins en notre faveur; Nul n'est comparable à toi; Je voudrais les publier et les proclamer, Mais leur nombre est trop grand pour que je les raconte.

**40.7**
Tu ne désires ni sacrifice ni offrande, Tu m'as ouvert les oreilles; Tu ne demandes ni holocauste ni victime expiatoire.

**40.8**
Alors je dis : Voici, je viens Avec le rouleau du livre écrit pour moi.

**40.9**
Je veux faire ta volonté, mon Dieu! Et ta loi est au fond de mon cœur.

**40.10**
J'annonce la justice dans la grande assemblée; Voici, je ne ferme pas mes lèvres, Éternel, tu le sais!

**40.11**
Je ne retiens pas dans mon cœur ta justice, Je publie ta vérité et ton salut; Je ne cache pas ta bonté et ta fidélité Dans la grande assemblée.

**40.12**
Toi, Éternel! tu ne me refuseras pas tes compassions; Ta bonté et ta fidélité me garderont toujours.

**40.13**
Car des maux sans nombre m'environnent; Les châtiments de mes iniquités m'atteignent, Et je ne puis en supporter la vue; Ils sont plus nombreux que les cheveux de ma tête, Et mon courage m'abandonne.

**40.14**
Veuille me délivrer, ô Éternel! Éternel, viens en hâte à mon secours!

**40.15**
Que tous ensemble ils soient honteux et confus, Ceux qui en veulent à ma vie pour l'enlever! Qu'ils reculent et rougissent, Ceux qui désirent ma perte!

**40.16**
Qu'ils soient dans la stupeur par l'effet de leur honte, Ceux qui me disent : Ah! ah!

**40.17**
Que tous ceux qui te cherchent Soient dans l'allégresse et se réjouissent en toi ! Que ceux qui aiment ton salut Disent sans cesse : Exalté soit l'Éternel !

**40.18**
Moi, je suis pauvre et indigent; Mais le Seigneur pense à moi. Tu es mon aide et mon libérateur : Mon Dieu, ne tarde pas !

## PSAUME 41

**41.1**
Au chef des chantres. Psaume de David.

**41.2**
Heureux celui qui s'intéresse au pauvre ! Au jour du malheur l'Éternel le délivre ;

**41.3**
L'Éternel le garde et lui conserve la vie. Il est heureux sur la terre, Et tu ne le livres pas au bon plaisir de ses ennemis.

**41.4**
L'Éternel le soutient sur son lit de douleur; Tu le soulages dans toutes ses maladies.

**41.5**
Je dis : Éternel, aie pitié de moi ! Guéris mon âme ! car j'ai péché contre toi.

**41.6**
Mes ennemis disent méchamment de moi : Quand mourra-t-il ? quand périra son nom ?

**41.7**
Si quelqu'un vient me voir, il prend un langage faux, Il recueille des sujets de médire ; Il s'en va, et il parle au dehors.

**41.8**
Tous mes ennemis chuchotent entre eux contre moi ; Ils pensent que mon malheur causera ma ruine :

**41.9**
Il est dangereusement atteint, Le voilà couché, il ne se relèvera pas !

**41.10**
Celui-là même avec qui j'étais en paix, Qui avait ma confiance et qui mangeait mon pain, Lève le talon contre moi.

**41.11**
Toi, Éternel, aie pitié de moi et rétablis-moi ! Et je leur rendrai ce qui leur est dû.

**41.12**
Je connaîtrai que tu m'aimes, Si mon ennemi ne triomphe pas de moi.

**41.13**
Tu m'as soutenu à cause de mon intégrité, Et tu m'as placé pour toujours en ta présence.

**41.14**
Béni soit l'Éternel, le Dieu d'Israël, d'éternité en éternité ! Amen ! Amen !

# PSAUME 42

**42.1**
Au chef des chantres. Cantique des fils de Koré.

**42.2**
Comme une biche soupire après des courants d'eau, Ainsi mon âme soupire après toi, ô Dieu!

**42.3**
Mon âme a soif de Dieu, du Dieu vivant : Quand irai-je et paraîtrai-je devant la face de Dieu?

**42.4**
Mes larmes sont ma nourriture jour et nuit, Pendant qu'on me dit sans cesse : Où est ton Dieu?

**42.5**
Je me rappelle avec effusion de cœur Quand je marchais entouré de la foule, Et que je m'avançais à sa tête vers la maison de Dieu, Au milieu des cris de joie et des actions de grâces D'une multitude en fête.

**42.6**
Pourquoi t'abats-tu, mon âme, et gémis-tu au-dedans de moi? Espère en Dieu, car je le louerai encore; Il est mon salut et mon Dieu.

**42.7**
Mon âme est abattue au-dedans de moi : Aussi c'est à toi que je pense, depuis le pays du Jourdain, Depuis l'Hermon, depuis la montagne de Mitsear.

**42.8**
Un flot appelle un autre flot au bruit de tes ondées; Toutes tes vagues et tous tes flots passent sur moi.

**42.9**

Le jour, l'Éternel m'accordait sa grâce ; La nuit, je chantais ses louanges, J'adressais une prière au Dieu de ma vie.

**42.10**

Je dis à Dieu, mon rocher : Pourquoi m'oublies-tu ? Pourquoi dois-je marcher dans la tristesse, Sous l'oppression de l'ennemi ?

**42.11**

Mes os se brisent quand mes persécuteurs m'outragent, En me disant sans cesse : Où est ton Dieu ?

**42.12**

Pourquoi t'abats-tu, mon âme, et gémis-tu au-dedans de moi ? Espère en Dieu, car je le louerai encore ; Il est mon salut et mon Dieu.

## PSAUME 43

**43.1**

Rends-moi justice, ô Dieu, défends ma cause contre une nation infidèle ! Délivre-moi des hommes de fraude et d'iniquité !

**43.2**

Toi, mon Dieu protecteur, pourquoi me repousses-tu ? Pourquoi dois-je marcher dans la tristesse, Sous l'oppression de l'ennemi ?

**43.3**

Envoie ta lumière et ta fidélité ! Qu'elles me guident, Qu'elles me conduisent à ta montagne sainte et à tes demeures !

**43.4**
J'irai vers l'autel de Dieu, de Dieu, ma joie et mon allégresse, Et je te célébrerai sur la harpe, ô Dieu, mon Dieu !

**43.5**
Pourquoi t'abats-tu, mon âme, et gémis-tu au-dedans de moi ? Espère en Dieu, car je le louerai encore ; Il est mon salut et mon Dieu.

## PSAUME 44

**44.1**
Au chef des chantres. Des fils de Koré. Cantique.

**44.2**
Ô Dieu ! nous avons entendu de nos oreilles, Nos pères nous ont raconté Les œuvres que tu as accomplies de leur temps, Aux jours d'autrefois.

**44.3**
De ta main tu as chassé des nations pour les établir, Tu as frappé des peuples pour les étendre.

**44.4**
Car ce n'est point par leur épée qu'ils se sont emparés du pays, Ce n'est point leur bras qui les a sauvés ; Mais c'est ta droite, c'est ton bras, c'est la lumière de ta face, Parce que tu les aimais.

**44.5**
Ô Dieu ! tu es mon roi : Ordonne la délivrance de Jacob !

**44.6**
Avec toi nous renversons nos ennemis, Avec ton nom nous écrasons nos adversaires.

**44.7**
Car ce n'est pas en mon arc que je me confie, Ce n'est pas mon épée qui me sauvera ;

**44.8**
Mais c'est toi qui nous délivres de nos ennemis, Et qui confonds ceux qui nous haïssent.

**44.9**
Nous nous glorifions en Dieu chaque jour, Et nous célébrerons à jamais ton nom.

**44.10**
Cependant tu nous repousses, tu nous couvres de honte, Tu ne sors plus avec nos armées ;

**44.11**
Tu nous fais reculer devant l'ennemi, Et ceux qui nous haïssent enlèvent nos dépouilles.

**44.12**
Tu nous livres comme des brebis à dévorer, Tu nous disperses parmi les nations.

**44.13**
Tu vends ton peuple pour rien, Tu ne l'estimes pas à une grande valeur.

**44.14**
Tu fais de nous un objet d'opprobre pour nos voisins, De moquerie et de risée pour ceux qui nous entourent ;

**44.15**
Tu fais de nous un objet de sarcasme parmi les nations, Et de hochements de tête parmi les peuples.

**44.16**
Ma honte est toujours devant moi, Et la confusion couvre mon visage,

**44.17**
À la voix de celui qui m'insulte et m'outrage, À la vue de l'ennemi et du vindicatif.

**44.18**
Tout cela nous arrive, sans que nous t'ayons oublié, Sans que nous ayons violé ton alliance :

**44.19**
Notre cœur ne s'est point détourné, Nos pas ne se sont point éloignés de ton sentier,

**44.20**
Pour que tu nous écrases dans la demeure des chacals, Et que tu nous couvres de l'ombre de la mort.

**44.21**
Si nous avions oublié le nom de notre Dieu, Et étendu nos mains vers un dieu étranger,

**44.22**
Dieu ne le saurait-il pas, Lui qui connaît les secrets du cœur ?

**44.23**
Mais c'est à cause de toi qu'on nous égorge tous les jours, Qu'on nous regarde comme des brebis destinées à la boucherie.

**44.24**
Réveille-toi ! Pourquoi dors-tu, Seigneur ? Réveille-toi ! ne nous repousse pas à jamais !

**44.25**

Pourquoi caches-tu ta face? Pourquoi oublies-tu notre misère et notre oppression?

**44.26**

Car notre âme est abattue dans la poussière, Notre corps est attaché à la terre.

**44.27**

Lève-toi, pour nous secourir! Délivre-nous à cause de ta bonté!

## PSAUME 45

**45.1**

Au chef des chantres. Sur les lis. Des fils de Koré. Cantique. Chant d'amour.

**45.2**

Des paroles pleines de charme bouillonnent dans mon cœur. Je dis : Mon œuvre est pour le roi! Que ma langue soit comme la plume d'un habile écrivain!

**45.3**

Tu es le plus beau des fils de l'homme, La grâce est répandue sur tes lèvres : C'est pourquoi Dieu t'a béni pour toujours.

**45.4**

Vaillant guerrier, ceins ton épée, Ta parure et ta gloire,

**45.5**

Oui, ta gloire! Sois vainqueur, monte sur ton char, Défends la vérité, la douceur et la justice, Et que ta droite se signale par de merveilleux exploits!

**45.6**
Tes flèches sont aiguës; Des peuples tomberont sous toi; Elles perceront le cœur des ennemis du roi.

**45.7**
Ton trône, ô Dieu, est à toujours; Le sceptre de ton règne est un sceptre d'équité.

**45.8**
Tu aimes la justice, et tu hais la méchanceté : C'est pourquoi, ô Dieu, ton Dieu t'a oint D'une huile de joie, par privilège sur tes collègues.

**45.9**
La myrrhe, l'aloès et la casse parfument tous tes vêtements; Dans les palais d'ivoire les instruments à cordes te réjouissent.

**45.10**
Des filles de rois sont parmi tes bien-aimées; La reine est à ta droite, parée d'or d'Ophir.

**45.11**
Écoute, ma fille, vois, et prête l'oreille; Oublie ton peuple et la maison de ton père.

**45.12**
Le roi porte ses désirs sur ta beauté; Puisqu'il est ton seigneur, rends-lui tes hommages.

**45.13**
Et, avec des présents, la fille de Tyr, Les plus riches du peuple rechercheront ta faveur.

**45.14**
Toute resplendissante est la fille du roi dans l'intérieur du palais; Elle porte un vêtement tissu d'or.

**45.15**

Elle est présentée au roi, vêtue de ses habits brodés, Et suivie des jeunes filles, ses compagnes, qui sont amenées auprès de toi ;

**45.16**

On les introduit au milieu des réjouissances et de l'allégresse, Elles entrent dans le palais du roi.

**45.17**

Tes enfants prendront la place de tes pères ; Tu les établiras princes dans tout le pays.

**45.18**

Je rappellerai ton nom dans tous les âges : Aussi les peuples te loueront éternellement et à jamais.

## PSAUME 46

**46.1**

Au chef des chantres. Des fils de Koré. Sur alamoth. Cantique.

**46.2**

Dieu est pour nous un refuge et un appui, Un secours qui ne manque jamais dans la détresse.

**46.3**

C'est pourquoi nous sommes sans crainte quand la terre est bouleversée, Et que les montagnes chancellent au cœur des mers,

**46.4**

Quand les flots de la mer mugissent, écument, Se soulèvent jusqu'à faire trembler les montagnes.

**46.5**
Il est un fleuve dont les courants réjouissent la cité de Dieu, Le sanctuaire des demeures du Très-Haut.

**46.6**
Dieu est au milieu d'elle : elle n'est point ébranlée ; Dieu la secourt dès l'aube du matin.

**46.7**
Des nations s'agitent, des royaumes s'ébranlent ; Il fait entendre sa voix : la terre se fond d'épouvante.

**46.8**
L'Éternel des armées est avec nous, Le Dieu de Jacob est pour nous une haute retraite.

**46.9**
Venez, contemplez les œuvres de l'Éternel, Les ravages qu'il a opérés sur la terre !

**46.10**
C'est lui qui a fait cesser les combats jusqu'au bout de la terre ; Il a brisé l'arc, et il a rompu la lance, Il a consumé par le feu les chars de guerre.

**46.11**
Arrêtez, et sachez que je suis Dieu : Je domine sur les nations, je domine sur la terre.

**46.12**
L'Éternel des armées est avec nous, Le Dieu de Jacob est pour nous une haute retraite.

## PSAUME 47

**47.1**
Au chef des chantres. Des fils de Koré. Psaume.

**47.2**
Vous tous, peuples, battez des mains ! Poussez vers Dieu des cris de joie !

**47.3**
Car l'Éternel, le Très-Haut, est redoutable, Il est un grand roi sur toute la terre.

**47.4**
Il nous assujettit des peuples, Il met des nations sous nos pieds ;

**47.5**
Il nous choisit notre héritage, La gloire de Jacob qu'il aime.

**47.6**
Dieu monte au milieu des cris de triomphe, L'Éternel s'avance au son de la trompette.

**47.7**
Chantez à Dieu, chantez ! Chantez à notre roi, chantez !

**47.8**
Car Dieu est roi de toute la terre : Chantez un cantique !

**47.9**
Dieu règne sur les nations, Dieu a pour siège son saint trône.

**47.10**
Les princes des peuples se réunissent Au peuple du Dieu d'Abraham ; Car à Dieu sont les boucliers de la terre : Il est souverainement élevé.

## PSAUME 48

**48.1**
Cantique. Psaume des fils de Koré.

**48.2**
L'Éternel est grand, il est l'objet de toutes les louanges, Dans la ville de notre Dieu, sur sa montagne sainte.

**48.3**
Belle est la colline, joie de toute la terre, la montagne de Sion ; Le côté septentrional, c'est la ville du grand roi.

**48.4**
Dieu, dans ses palais, est connu pour une haute retraite.

**48.5**
Car voici, les rois s'étaient concertés : Ils n'ont fait que passer ensemble.

**48.6**
Ils ont regardé, tout stupéfaits, Ils ont eu peur, et ont pris la fuite.

**48.7**
Là un tremblement les a saisis, Comme la douleur d'une femme qui accouche.

**48.8**
Ils ont été chassés comme par le vent d'orient, Qui brise les navires de Tarsis.

**48.9**
Ce que nous avions entendu dire, nous l'avons vu Dans la ville de l'Éternel des armées, Dans la ville de notre Dieu : Dieu la fera subsister à toujours.

**48.10**

Ô Dieu, nous pensons à ta bonté Au milieu de ton temple.

**48.11**

Comme ton nom, ô Dieu! Ta louange retentit jusqu'aux extrémités de la terre; Ta droite est pleine de justice.

**48.12**

La montagne de Sion se réjouit, Les filles de Juda sont dans l'allégresse, À cause de tes jugements.

**48.13**

Parcourez Sion, parcourez-en l'enceinte, Comptez ses tours,

**48.14**

Observez son rempart, Examinez ses palais, Pour le raconter à la génération future.

**48.15**

Voilà le Dieu qui est notre Dieu éternellement et à jamais; Il sera notre guide jusqu'à la mort.

## PSAUME 49

**49.1**

Au chef des chantres. Des fils de Koré.

**49.2**

Écoutez ceci, vous tous, peuples, Prêtez l'oreille, vous tous, habitants du monde,

**49.3**

Petits et grands, Riches et pauvres!

**49.4**

Ma bouche va faire entendre des paroles sages, Et mon cœur a des pensées pleines de sens.

**49.5**
Je prête l'oreille aux sentences qui me sont inspirées, J'ouvre mon chant au son de la harpe.

**49.6**
Pourquoi craindrais-je aux jours du malheur, Lorsque l'iniquité de mes adversaires m'enveloppe ?

**49.7**
Ils ont confiance en leurs biens, Et se glorifient de leur grande richesse.

**49.8**
Ils ne peuvent se racheter l'un l'autre, Ni donner à Dieu le prix du rachat.

**49.9**
Le rachat de leur âme est cher, Et n'aura jamais lieu ;

**49.10**
Ils ne vivront pas toujours, Ils n'éviteront pas la vue de la fosse.

**49.11**
Car ils la verront : les sages meurent, L'insensé et le stupide périssent également, Et ils laissent à d'autres leurs biens.

**49.12**
Ils s'imaginent que leurs maisons seront éternelles, Que leurs demeures subsisteront d'âge en âge, Eux dont les noms sont honorés sur la terre.

**49.13**
Mais l'homme qui est en honneur n'a point de durée, Il est semblable aux bêtes que l'on égorge.

**49.14**
Telle est leur voie, leur folie, Et ceux qui les suivent se plaisent à leurs discours.

**49.15**
Comme un troupeau, ils sont mis dans le séjour des morts, La mort en fait sa pâture; Et bientôt les hommes droits les foulent aux pieds, Leur beauté s'évanouit, le séjour des morts est leur demeure.

**49.16**
Mais Dieu sauvera mon âme du séjour des morts, Car il me prendra sous sa protection.

**49.17**
Ne sois pas dans la crainte parce qu'un homme s'enrichit, Parce que les trésors de sa maison se multiplient;

**49.18**
Car il n'emporte rien en mourant, Ses trésors ne descendent point après lui.

**49.19**
Il aura beau s'estimer heureux pendant sa vie, On aura beau te louer des jouissances que tu te donnes,

**49.20**
Tu iras néanmoins au séjour de tes pères, Qui jamais ne reverront la lumière.

**49.21**
L'homme qui est en honneur, et qui n'a pas d'intelligence, Est semblable aux bêtes que l'on égorge.

## PSAUME 50

**50.1**
Psaume d'Asaph. Dieu, Dieu, l'Éternel, parle, et convoque la terre, Depuis le soleil levant jusqu'au soleil couchant.

**50.2**
De Sion, beauté parfaite, Dieu resplendit.

**50.3**
Il vient, notre Dieu, il ne reste pas en silence ; Devant lui est un feu dévorant, Autour de lui une violente tempête.

**50.4**
Il crie vers les cieux en haut, Et vers la terre, pour juger son peuple :

**50.5**
Rassemblez-moi mes fidèles, Qui ont fait alliance avec moi par le sacrifice !

**50.6**
Et les cieux publieront sa justice, Car c'est Dieu qui est juge.

**50.7**
Écoute, mon peuple ! et je parlerai ; Israël ! et je t'avertirai. Je suis Dieu, ton Dieu.

**50.8**
Ce n'est pas pour tes sacrifices que je te fais des reproches ; Tes holocaustes sont constamment devant moi.

**50.9**
Je ne prendrai pas de taureau dans ta maison, Ni de bouc dans tes bergeries.

**50.10**
Car tous les animaux des forêts sont à moi, Toutes les bêtes des montagnes par milliers ;

**50.11**
Je connais tous les oiseaux des montagnes, Et tout ce qui se meut dans les champs m'appartient.

**50.12**

Si j'avais faim, je ne te le dirais pas, Car le monde est à moi et tout ce qu'il renferme.

**50.13**

Est-ce que je mange la chair des taureaux ? Est-ce que je bois le sang des boucs ?

**50.14**

Offre pour sacrifice à Dieu des actions de grâces, Et accomplis tes vœux envers le Très-Haut.

**50.15**

Et invoque-moi au jour de la détresse ; Je te délivrerai, et tu me glorifieras.

**50.16**

Et Dieu dit au méchant : Quoi donc ! tu énumères mes lois, Et tu as mon alliance à la bouche,

**50.17**

Toi qui hais les avis, Et qui jettes mes paroles derrière toi !

**50.18**

Si tu vois un voleur, tu te plais avec lui, Et ta part est avec les adultères.

**50.19**

Tu livres ta bouche au mal, Et ta langue est un tissu de tromperies.

**50.20**

Tu t'assieds, et tu parles contre ton frère, Tu diffames le fils de ta mère.

**50.21**

Voilà ce que tu as fait, et je me suis tu. Tu t'es imaginé que je te ressemblais ; Mais je vais te reprendre, et tout mettre sous tes yeux.

**50.22**
Prenez-y donc garde, vous qui oubliez Dieu, De peur que je ne déchire, sans que personne délivre.

**50.23**
Celui qui offre pour sacrifice des actions de grâces me glorifie, Et à celui qui veille sur sa voie Je ferai voir le salut de Dieu.

## PSAUME 51

**51.1**
Au chef des chantres. Psaume de David.

**51.2**
Lorsque Nathan, le prophète, vint à lui, après que David fut allé vers Bath-Schéba.

**51.3**
Ô Dieu ! aie pitié de moi dans ta bonté ; Selon ta grande miséricorde, efface mes transgressions ;

**51.4**
Lave-moi complètement de mon iniquité, Et purifie-moi de mon péché.

**51.5**
Car je reconnais mes transgressions, Et mon péché est constamment devant moi.

**51.6**
J'ai péché contre toi seul, Et j'ai fait ce qui est mal à tes yeux, En sorte que tu seras juste dans ta sentence, Sans reproche dans ton jugement.

**51.7**
Voici, je suis né dans l'iniquité, Et ma mère m'a conçu dans le péché.

**51.8**
Mais tu veux que la vérité soit au fond du cœur : Fais donc pénétrer la sagesse au-dedans de moi !

**51.9**
Purifie-moi avec l'hysope, et je serai pur ; Lave-moi, et je serai plus blanc que la neige.

**51.10**
Annonce-moi l'allégresse et la joie, Et les os que tu as brisés se réjouiront.

**51.11**
Détourne ton regard de mes péchés, Efface toutes mes iniquités.

**51.12**
Ô Dieu ! crée en moi un cœur pur, Renouvelle en moi un esprit bien disposé.

**51.13**
Ne me rejette pas loin de ta face, Ne me retire pas ton esprit saint.

**51.14**
Rends-moi la joie de ton salut, Et qu'un esprit de bonne volonté me soutienne !

**51.15**
J'enseignerai tes voies à ceux qui les transgressent, Et les pécheurs reviendront à toi.

**51.16**
Ô Dieu, Dieu de mon salut ! délivre-moi du sang versé, Et ma langue célébrera ta miséricorde.

**51.17**
Seigneur! ouvre mes lèvres, Et ma bouche publiera ta louange.

**51.18**
Si tu eusses voulu des sacrifices, je t'en aurais offert; Mais tu ne prends point plaisir aux holocaustes.

**51.19**
Les sacrifices qui sont agréables à Dieu, c'est un esprit brisé : Ô Dieu! tu ne dédaignes pas un cœur brisé et contrit.

**51.20**
Répands par ta grâce tes bienfaits sur Sion, Bâtis les murs de Jérusalem!

**51.21**
Alors tu agréeras des sacrifices de justice, Des holocaustes et des victimes tout entières; Alors on offrira des taureaux sur ton autel.

## PSAUME 52

**52.1**
Au chef des chantres. Cantique de David.

**52.2**
À l'occasion du rapport que Doëg, l'Édomite, vint faire à Saül, en lui disant : David s'est rendu dans la maison d'Achimélec.

**52.3**
Pourquoi te glorifies-tu de ta méchanceté, tyran? La bonté de Dieu subsiste toujours.

**52.4**
Ta langue n'invente que malice, comme un rasoir affilé, fourbe que tu es!

**52.5**
Tu aimes le mal plutôt que le bien, Le mensonge plutôt que la droiture.

**52.6**
Tu aimes toutes les paroles de destruction, Langue trompeuse !

**52.7**
Aussi Dieu t'abattra pour toujours, Il te saisira et t'enlèvera de ta tente ; Il te déracinera de la terre des vivants.

**52.8**
Les justes le verront, et auront de la crainte, Et ils feront de lui le sujet de leurs moqueries :

**52.9**
Voilà l'homme qui ne prenait point Dieu pour protecteur, Mais qui se confiait en ses grandes richesses, Et qui triomphait dans sa malice !

**52.10**
Et moi, je suis dans la maison de Dieu comme un olivier verdoyant, Je me confie dans la bonté de Dieu, éternellement et à jamais.

**52.11**
Je te louerai toujours, parce que tu as agi ; Et je veux espérer en ton nom, parce qu'il est favorable, En présence de tes fidèles.

# PSAUME 53

**53.1**
Au chef des chantres. Sur la flûte. Cantique de David.

**53.2**
L'insensé dit en son cœur : Il n'y a point de Dieu! Ils se sont corrompus, ils ont commis des iniquités abominables; Il n'en est aucun qui fasse le bien.

**53.3**
Dieu, du haut des cieux, regarde les fils de l'homme, Pour voir s'il y a quelqu'un qui soit intelligent, Qui cherche Dieu.

**53.4**
Tous sont égarés, tous sont pervertis; Il n'en est aucun qui fasse le bien, Pas même un seul.

**53.5**
Ceux qui commettent l'iniquité ont-ils perdu le sens? Ils dévorent mon peuple, ils le prennent pour nourriture; Ils n'invoquent point Dieu.

**53.6**
Alors ils trembleront d'épouvante, Sans qu'il y ait sujet d'épouvante; Dieu dispersera les os de ceux qui campent contre toi; Tu les confondras, car Dieu les a rejetés.

**53.7**
Oh! qui fera partir de Sion la délivrance d'Israël? Quand Dieu ramènera les captifs de son peuple, Jacob sera dans l'allégresse, Israël se réjouira.

## PSAUME 54

**54.1**
Au chef des chantres. Avec instruments à cordes. Cantique de David.

**54.2**
Lorsque les Ziphiens vinrent dire à Saül : David n'est-il pas caché parmi nous ?

**54.3**
Ô Dieu ! sauve-moi par ton nom, Et rends-moi justice par ta puissance !

**54.4**
Ô Dieu ! écoute ma prière, Prête l'oreille aux paroles de ma bouche !

**54.5**
Car des étrangers se sont levés contre moi, Des hommes violents en veulent à ma vie ; Ils ne portent pas leurs pensées sur Dieu.

**54.6**
Voici, Dieu est mon secours, Le Seigneur est le soutien de mon âme.

**54.7**
Le mal retombera sur mes adversaires ; Anéantis-les, dans ta fidélité !

**54.8**
Je t'offrirai de bon cœur des sacrifices ; Je louerai ton nom, ô Éternel ! car il est favorable,

**54.9**
Car il me délivre de toute détresse, Et mes yeux se réjouissent à la vue de mes ennemis.

## PSAUME 55

**55.1**
Au chef des chantres. Avec instruments à cordes. Cantique de David.

**55.2**
Ô Dieu ! prête l'oreille à ma prière, Et ne te dérobe pas à mes supplications !

**55.3**
Écoute-moi, et réponds-moi ! J'erre çà et là dans mon chagrin et je m'agite,

**55.4**
À cause de la voix de l'ennemi et de l'oppression du méchant ; Car ils font tomber sur moi le malheur, Et me poursuivent avec colère.

**55.5**
Mon cœur tremble au-dedans de moi, Et les terreurs de la mort me surprennent ;

**55.6**
La crainte et l'épouvante m'assaillent, Et le frisson m'enveloppe.

**55.7**
Je dis : Oh ! si j'avais les ailes de la colombe, Je m'envolerais, et je trouverais le repos ;

**55.8**
Voici, je fuirais bien loin, J'irais séjourner au désert ;

**55.9**
Je m'échapperais en toute hâte, Plus rapide que le vent impétueux, que la tempête.

**55.10**
Réduis à néant, Seigneur, divise leurs langues ! Car je vois dans la ville la violence et les querelles ;

**55.11**
Elles en font jour et nuit le tour sur les murs ; L'iniquité et la malice sont dans son sein ;

**55.12**
La méchanceté est au milieu d'elle, Et la fraude et la tromperie ne quittent point ses places.

**55.13**
Ce n'est pas un ennemi qui m'outrage, je le supporterais ; Ce n'est pas mon adversaire qui s'élève contre moi, Je me cacherais devant lui.

**55.14**
C'est toi, que j'estimais mon égal, Toi, mon confident et mon ami !

**55.15**
Ensemble nous vivions dans une douce intimité, Nous allions avec la foule à la maison de Dieu !

**55.16**
Que la mort les surprenne, Qu'ils descendent vivants au séjour des morts ! Car la méchanceté est dans leur demeure, au milieu d'eux.

**55.17**
Et moi, je crie à Dieu, Et l'Éternel me sauvera.

**55.18**
Le soir, le matin, et à midi, je soupire et je gémis, Et il entendra ma voix.

**55.19**

Il me délivrera de leur approche et me rendra la paix, Car ils sont nombreux contre moi.

**55.20**

Dieu entendra, et il les humiliera, Lui qui de toute éternité est assis sur son trône ; Car il n'y a point en eux de changement, Et ils ne craignent point Dieu.

**55.21**

Il porte la main sur ceux qui étaient en paix avec lui, Il viole son alliance ;

**55.22**

Sa bouche est plus douce que la crème, Mais la guerre est dans son cœur ; Ses paroles sont plus onctueuses que l'huile, Mais ce sont des épées nues.

**55.23**

Remets ton sort à l'Éternel, et il te soutiendra, Il ne laissera jamais chanceler le juste.

**55.24**

Et toi, ô Dieu ! tu les feras descendre au fond de la fosse ; Les hommes de sang et de fraude N'atteindront pas la moitié de leurs jours. C'est en toi que je me confie.

## PSAUME 56

**56.1**

Au chef des chantres. Sur « Colombe des térébinthes lointains ». Hymne de David. Lorsque les Philistins le saisirent à Gath.

**56.2**
Aie pitié de moi, ô Dieu ! car des hommes me harcèlent ; Tout le jour ils me font la guerre, ils me tourmentent.

**56.3**
Tout le jour mes adversaires me harcèlent ; Ils sont nombreux, ils me font la guerre comme des hautains.

**56.4**
Quand je suis dans la crainte, En toi je me confie.

**56.5**
Je me glorifierai en Dieu, en sa parole ; Je me confie en Dieu, je ne crains rien : Que peuvent me faire des hommes ?

**56.6**
Sans cesse ils portent atteinte à mes droits, Ils n'ont à mon égard que de mauvaises pensées.

**56.7**
Ils complotent, ils épient, ils observent mes traces, Parce qu'ils en veulent à ma vie.

**56.8**
C'est par l'iniquité qu'ils espèrent échapper : Dans ta colère, ô Dieu, précipite les peuples !

**56.9**
Tu comptes les pas de ma vie errante ; Recueille mes larmes dans ton outre : Ne sont-elles pas inscrites dans ton livre ?

**56.10**
Mes ennemis reculent, au jour où je crie ; Je sais que Dieu est pour moi.

**56.11**
Je me glorifierai en Dieu, en sa parole ; Je me glorifierai en l'Éternel, en sa parole ;

**56.12**
Je me confie en Dieu, je ne crains rien : Que peuvent me faire des hommes?

**56.13**
Ô Dieu! je dois accomplir les vœux que je t'ai faits; Je t'offrirai des actions de grâces.

**56.14**
Car tu as délivré mon âme de la mort, Tu as garanti mes pieds de la chute, Afin que je marche devant Dieu, à la lumière des vivants.

## PSAUME 57

**57.1**
Au chef des chantres. «Ne détruis pas». Hymne de David. Lorsqu'il se réfugia dans la caverne, poursuivi par Saül.

**57.2**
Aie pitié de moi, ô Dieu, aie pitié de moi! Car en toi mon âme cherche un refuge; Je cherche un refuge à l'ombre de tes ailes, Jusqu'à ce que les calamités soient passées.

**57.3**
Je crie au Dieu Très-Haut, Au Dieu qui agit en ma faveur.

**57.4**
Il m'enverra du ciel le salut, Tandis que mon persécuteur se répand en outrages; Dieu enverra sa bonté et sa fidélité.

**57.5**
Mon âme est parmi des lions; Je suis couché au milieu de gens qui vomissent la flamme, Au milieu d'hommes qui ont pour dents la lance et les flèches, Et dont la langue est un glaive tranchant.

**57.6**
Élève-toi sur les cieux, ô Dieu ! Que ta gloire soit sur toute la terre !

**57.7**
Ils avaient tendu un filet sous mes pas : Mon âme se courbait ; Ils avaient creusé une fosse devant moi : Ils y sont tombés.

**57.8**
Mon cœur est affermi, ô Dieu ! mon cœur est affermi ; Je chanterai, je ferai retentir mes instruments.

**57.9**
Réveille-toi, mon âme ! réveillez-vous, mon luth et ma harpe ! Je réveillerai l'aurore.

**57.10**
Je te louerai parmi les peuples, Seigneur ! Je te chanterai parmi les nations.

**57.11**
Car ta bonté atteint jusqu'aux cieux, Et ta fidélité jusqu'aux nues.

**57.12**
Élève-toi sur les cieux, ô Dieu ! Que ta gloire soit sur toute la terre !

## PSAUME 58

**58.1**
Au chef des chantres. « Ne détruis pas ». Hymne de David.

**58.2**
Est-ce donc en vous taisant que vous rendez la justice ? Est-ce ainsi que vous jugez avec droiture, fils de l'homme ?

**58.3**
Loin de là! Dans le cœur, vous consommez des iniquités; Dans le pays, c'est la violence de vos mains que vous placez sur la balance.

**58.4**
Les méchants sont pervertis dès le sein maternel, Les menteurs s'égarent au sortir du ventre de leur mère.

**58.5**
Ils ont un venin pareil au venin d'un serpent, D'un aspic sourd qui ferme son oreille,

**58.6**
Qui n'entend pas la voix des enchanteurs, Du magicien le plus habile.

**58.7**
Ô Dieu, brise-leur les dents dans la bouche! Éternel, arrache les mâchoires des lionceaux!

**58.8**
Qu'ils se dissipent comme des eaux qui s'écoulent! Qu'ils ne lancent que des traits émoussés!

**58.9**
Qu'ils périssent en se fondant, comme un limaçon; Sans voir le soleil, comme l'avorton d'une femme!

**58.10**
Avant que vos chaudières sentent l'épine, Verte ou enflammée, le tourbillon l'emportera.

**58.11**
Le juste sera dans la joie, à la vue de la vengeance; Il baignera ses pieds dans le sang des méchants.

**58.12**
Et les hommes diront : Oui, il est une récompense pour le juste ; Oui, il est un Dieu qui juge sur la terre.

## PSAUME 59

**59.1**
Au chef des chantres. « Ne détruis pas ». Hymne de David. Lorsque Saül envoya cerner la maison, pour le faire mourir.

**59.2**
Mon Dieu ! délivre-moi de mes ennemis, Protège-moi contre mes adversaires !

**59.3**
Délivre-moi des malfaiteurs, Et sauve-moi des hommes de sang !

**59.4**
Car voici, ils sont aux aguets pour m'ôter la vie ; Des hommes violents complotent contre moi, Sans que je sois coupable, sans que j'aie péché, ô Éternel !

**59.5**
Malgré mon innocence, ils courent, ils se préparent : Réveille-toi, viens à ma rencontre, et regarde !

**59.6**
Toi, Éternel, Dieu des armées, Dieu d'Israël, Lève-toi, pour châtier toutes les nations ! N'aie pitié d'aucun de ces méchants infidèles !

**59.7**
Ils reviennent chaque soir, ils hurlent comme des chiens, Ils font le tour de la ville.

**59.8**
Voici, de leur bouche ils font jaillir le mal, Des glaives sont sur leurs lèvres ; Car, qui est-ce qui entend ?

**59.9**
Et toi, Éternel, tu te ris d'eux, Tu te moques de toutes les nations.

**59.10**
Quelle que soit leur force, c'est en toi que j'espère, Car Dieu est ma haute retraite.

**59.11**
Mon Dieu vient au-devant de moi dans sa bonté, Dieu me fait contempler avec joie ceux qui me persécutent.

**59.12**
Ne les tue pas, de peur que mon peuple ne l'oublie ; Fais-les errer par ta puissance, et précipite-les, Seigneur, notre bouclier !

**59.13**
Leur bouche pèche à chaque parole de leurs lèvres : Qu'ils soient pris dans leur propre orgueil ! Ils ne profèrent que malédictions et mensonges.

**59.14**
Détruis-les, dans ta fureur, détruis-les, et qu'ils ne soient plus ! Qu'ils sachent que Dieu règne sur Jacob, Jusqu'aux extrémités de la terre !

**59.15**
Ils reviennent chaque soir, ils hurlent comme des chiens, Ils font le tour de la ville.

**59.16**
Ils errent çà et là, cherchant leur nourriture, Et ils passent la nuit sans être rassasiés.

**59.17**
Et moi, je chanterai ta force; Dès le matin, je célébrerai ta bonté. Car tu es pour moi une haute retraite, Un refuge au jour de ma détresse.

**59.18**
Ô ma force! c'est toi que je célébrerai, Car Dieu, mon Dieu tout bon, est ma haute retraite.

## PSAUME 60

**60.1**
Au chef des chantres. Sur le lis lyrique. Hymne de David, pour enseigner.

**60.2**
Lorsqu'il fit la guerre aux Syriens de Mésopotamie et aux Syriens de Tsoba, et que Joab revint et battit dans la vallée du sel douze mille Édomites.

**60.3**
Ô Dieu! tu nous as repoussés, dispersés, Tu t'es irrité : relève-nous!

**60.4**
Tu as ébranlé la terre, tu l'as déchirée : Répare ses brèches, car elle chancelle!

**60.5**
Tu as fait voir à ton peuple des choses dures, Tu nous as abreuvés d'un vin d'étourdissement.

**60.6**
Tu as donné à ceux qui te craignent une bannière, Pour qu'elle s'élève à cause de la vérité.

**60.7**
Afin que tes bien-aimés soient délivrés, Sauve par ta droite, et exauce-nous !

**60.8**
Dieu a dit dans sa sainteté : Je triompherai, Je partagerai Sichem, je mesurerai la vallée de Succoth ;

**60.9**
À moi Galaad, à moi Manassé ; Éphraïm est le rempart de ma tête, Et Juda, mon sceptre ;

**60.10**
Moab est le bassin où je me lave ; Je jette mon soulier sur Édom ; Pays des Philistins, pousse à mon sujet des cris de joie !

**60.11**
Qui me mènera dans la ville forte ? Qui me conduira à Édom ?

**60.12**
N'est-ce pas toi, ô Dieu, qui nous as repoussés, Et qui ne sortais plus, ô Dieu, avec nos armées ?

**60.13**
Donne-nous du secours contre la détresse ! Le secours de l'homme n'est que vanité.

**60.14**
Avec Dieu, nous ferons des exploits ; Il écrasera nos ennemis.

## PSAUME 61

**61.1**
Au chef des chantres. Sur instruments à cordes. De David.

**61.2**
Ô Dieu ! écoute mes cris, Sois attentif à ma prière !

**61.3**
Du bout de la terre je crie à toi, le cœur abattu ; Conduis-moi sur le rocher que je ne puis atteindre !

**61.4**
Car tu es pour moi un refuge, Une tour forte, en face de l'ennemi.

**61.5**
Je voudrais séjourner éternellement dans ta tente, Me réfugier à l'abri de tes ailes.

**61.6**
Car toi, ô Dieu ! tu exauces mes vœux, Tu me donnes l'héritage de ceux qui craignent ton nom.

**61.7**
Ajoute des jours aux jours du roi ; Que ses années se prolongent à jamais !

**61.8**
Qu'il reste sur le trône éternellement devant Dieu ! Fais que ta bonté et ta fidélité veillent sur lui !

**61.9**
Alors je chanterai sans cesse ton nom, En accomplissant chaque jour mes vœux.

## PSAUME 62

**62.1**
Au chef des chantres. D'après Jeduthun. Psaume de David.

**62.2**
Oui, c'est en Dieu que mon âme se confie ; De lui vient mon salut.

**62.3**
Oui, c'est lui qui est mon rocher et mon salut; Ma haute retraite : je ne chancellerai guère.

**62.4**
Jusques à quand vous jetterez-vous sur un homme, Chercherez-vous tous à l'abattre, Comme une muraille qui penche, Comme une clôture qu'on renverse ?

**62.5**
Ils conspirent pour le précipiter de son poste élevé; Ils prennent plaisir au mensonge; Ils bénissent de leur bouche, Et ils maudissent dans leur cœur.

**62.6**
Oui, mon âme, confie-toi en Dieu! Car de lui vient mon espérance.

**62.7**
Oui, c'est lui qui est mon rocher et mon salut; Ma haute retraite : je ne chancellerai pas.

**62.8**
Sur Dieu reposent mon salut et ma gloire; Le rocher de ma force, mon refuge, est en Dieu.

**62.9**
En tout temps, peuples, confiez-vous en lui, Répandez vos cœurs en sa présence! Dieu est notre refuge,

**62.10**
Oui, vanité, les fils de l'homme, Mensonge, les fils de l'homme! Dans une balance ils monteraient Tous ensemble, plus légers qu'un souffle.

**62.11**

Ne vous confiez pas dans la violence, Et ne mettez pas un vain espoir dans la rapine; Quand les richesses s'accroissent, N'y attachez pas votre cœur.

**62.12**

Dieu a parlé une fois; Deux fois j'ai entendu ceci : C'est que la force est à Dieu.

**62.13**

À toi aussi, Seigneur! la bonté; Car tu rends à chacun selon ses œuvres.

## PSAUME 63

**63.1**

Psaume de David. Lorsqu'il était dans le désert de Juda.

**63.2**

Ô Dieu! tu es mon Dieu, je te cherche; Mon âme a soif de toi, mon corps soupire après toi, Dans une terre aride, desséchée, sans eau.

**63.3**

Ainsi je te contemple dans le sanctuaire, Pour voir ta puissance et ta gloire.

**63.4**

Car ta bonté vaut mieux que la vie : Mes lèvres célèbrent tes louanges.

**63.5**

Je te bénirai donc toute ma vie, J'élèverai mes mains en ton nom.

**63.6**
Mon âme sera rassasiée comme de mets gras et succulents, Et, avec des cris de joie sur les lèvres, ma bouche te célébrera.

**63.7**
Lorsque je pense à toi sur ma couche, Je médite sur toi pendant les veilles de la nuit.

**63.8**
Car tu es mon secours, Et je suis dans l'allégresse à l'ombre de tes ailes.

**63.9**
Mon âme est attachée à toi ; Ta droite me soutient.

**63.10**
Mais ceux qui cherchent à m'ôter la vie Iront dans les profondeurs de la terre ;

**63.11**
Ils seront livrés au glaive, Ils seront la proie des chacals.

**63.12**
Et le roi se réjouira en Dieu ; Quiconque jure par lui s'en glorifiera, Car la bouche des menteurs sera fermée.

## PSAUME 64

**64.1**
Au chef des chantres. Psaume de David.

**64.2**
Ô Dieu, écoute ma voix, quand je gémis ! Protège ma vie contre l'ennemi que je crains !

**64.3**
Garantis-moi des complots des méchants, De la troupe bruyante des hommes iniques !

**64.4**
Ils aiguisent leur langue comme un glaive, Ils lancent comme des traits leurs paroles amères,

**64.5**
Pour tirer en cachette sur l'innocent ; Ils tirent sur lui à l'improviste, et n'ont aucune crainte.

**64.6**
Ils se fortifient dans leur méchanceté : Ils se concertent pour tendre des pièges, Ils disent : Qui les verra ?

**64.7**
Ils méditent des crimes : Nous voici prêts, le plan est conçu ! La pensée intime, le cœur de chacun est un abîme.

**64.8**
Dieu lance contre eux ses traits : Soudain les voilà frappés.

**64.9**
Leur langue a causé leur chute ; Tous ceux qui les voient secouent la tête.

**64.10**
Tous les hommes sont saisis de crainte, Ils publient ce que Dieu fait, Et prennent garde à son œuvre.

**64.11**
Le juste se réjouit en l'Éternel et cherche en lui son refuge, Tous ceux qui ont le cœur droit se glorifient.

# PSAUME 65

**65.1**
Au chef des chantres. Psaume de David. Cantique.

**65.2**
Avec confiance, ô Dieu! on te louera dans Sion, Et l'on accomplira les vœux qu'on t'a faits.

**65.3**
Ô toi, qui écoutes la prière! Tous les hommes viendront à toi.

**65.4**
Les iniquités m'accablent : Tu pardonneras nos transgressions.

**65.5**
Heureux celui que tu choisis et que tu admets en ta présence, Pour qu'il habite dans tes parvis! Nous nous rassasierons du bonheur de ta maison, De la sainteté de ton temple.

**65.6**
Dans ta bonté, tu nous exauces par des prodiges, Dieu de notre salut, Espoir de toutes les extrémités lointaines de la terre et de la mer!

**65.7**
Il affermit les montagnes par sa force, Il est ceint de puissance;

**65.8**
Il apaise le mugissement des mers, le mugissement de leurs flots, Et le tumulte des peuples.

**65.9**
Ceux qui habitent aux extrémités du monde s'effraient de tes prodiges; Tu remplis d'allégresse l'orient et l'occident.

**65.10**

Tu visites la terre et tu lui donnes l'abondance, Tu la combles de richesses ; Le ruisseau de Dieu est plein d'eau ; Tu prépares le blé, quand tu la fertilises ainsi.

**65.11**

En arrosant ses sillons, en aplanissant ses mottes, Tu la détrempes par des pluies, tu bénis son germe.

**65.12**

Tu couronnes l'année de tes biens, Et tes pas versent l'abondance ;

**65.13**

Les plaines du désert sont abreuvées, Et les collines sont ceintes d'allégresse ;

**65.14**

Les pâturages se couvrent de brebis, Et les vallées se revêtent de froment. Les cris de joie et les chants retentissent.

## PSAUME 66

**66.1**

Au chef des chantres. Cantique. Psaume. Poussez vers Dieu des cris de joie, Vous tous, habitants de la terre !

**66.2**

Chantez la gloire de son nom, Célébrez sa gloire par vos louanges !

**66.3**

Dites à Dieu : Que tes œuvres sont redoutables ! À cause de la grandeur de ta force, tes ennemis te flattent.

**66.4**
Toute la terre se prosterne devant toi et chante en ton honneur ; Elle chante ton nom.

**66.5**
Venez et contemplez les œuvres de Dieu ! Il est redoutable quand il agit sur les fils de l'homme.

**66.6**
Il changea la mer en une terre sèche, On traversa le fleuve à pied : Alors nous nous réjouîmes en lui.

**66.7**
Il domine éternellement par sa puissance, Ses yeux observent les nations : Que les rebelles ne s'élèvent pas !

**66.8**
Peuples, bénissez notre Dieu, Faites retentir sa louange !

**66.9**
Il a conservé la vie à notre âme, Et il n'a pas permis que notre pied chancelât.

**66.10**
Car tu nous as éprouvés, ô Dieu ! Tu nous as fait passer au creuset comme l'argent.

**66.11**
Tu nous as amenés dans le filet, Tu as mis sur nos reins un pesant fardeau,

**66.12**
Tu as fait monter des hommes sur nos têtes ; Nous avons passé par le feu et par l'eau. Mais tu nous en as tirés pour nous donner l'abondance.

**66.13**
J'irai dans ta maison avec des holocaustes, J'accomplirai mes vœux envers toi :

**66.14**
Pour eux mes lèvres se sont ouvertes, Et ma bouche les a prononcés dans ma détresse.

**66.15**
Je t'offrirai des brebis grasses en holocauste, Avec la graisse des béliers; Je sacrifierai des brebis avec des boucs.

**66.16**
Venez, écoutez, vous tous qui craignez Dieu, et je raconterai Ce qu'il a fait à mon âme.

**66.17**
J'ai crié à lui de ma bouche, Et la louange a été sur ma langue.

**66.18**
Si j'avais conçu l'iniquité dans mon cœur, Le Seigneur ne m'aurait pas exaucé.

**66.19**
Mais Dieu m'a exaucé, Il a été attentif à la voix de ma prière.

**66.20**
Béni soit Dieu, Qui n'a pas rejeté ma prière, Et qui ne m'a pas retiré sa bonté!

## PSAUME 67

**67.1**
Au chef des chantres. Avec instruments à cordes. Psaume. Cantique.

**67.2**
Que Dieu ait pitié de nous et qu'il nous bénisse, Qu'il fasse luire sur nous sa face,

**67.3**
Afin que l'on connaisse sur la terre ta voie, Et parmi toutes les nations ton salut !

**67.4**
Les peuples te louent, ô Dieu ! Tous les peuples te louent.

**67.5**
Les nations se réjouissent et sont dans l'allégresse ; Car tu juges les peuples avec droiture, Et tu conduis les nations sur la terre.

**67.6**
Les peuples te louent, ô Dieu ! Tous les peuples te louent.

**67.7**
La terre donne ses produits ; Dieu, notre Dieu, nous bénit.

**67.8**
Dieu, nous bénit, Et toutes les extrémités de la terre le craignent.

## Psaume 68

**68.1**
Au chef des chantres. De David. Psaume. Cantique.

**68.2**
Dieu se lève, ses ennemis se dispersent, Et ses adversaires fuient devant sa face.

**68.3**
Comme la fumée se dissipe, tu les dissipes ; Comme la cire se fond au feu, Les méchants disparaissent devant Dieu.

**68.4**
Mais les justes se réjouissent, ils triomphent devant Dieu, Ils ont des transports d'allégresse.

**68.5**
Chantez à Dieu, célébrez son nom! Frayez le chemin à celui qui s'avance à travers les plaines! L'Éternel est son nom : réjouissez-vous devant lui!

**68.6**
Le père des orphelins, le défenseur des veuves, C'est Dieu dans sa demeure sainte.

**68.7**
Dieu donne une famille à ceux qui étaient abandonnés, Il délivre les captifs et les rend heureux; Les rebelles seuls habitent des lieux arides.

**68.8**
Ô Dieu! quand tu sortis à la tête de ton peuple, Quand tu marchais dans le désert,

**68.9**
La terre trembla, les cieux se fondirent devant Dieu, Le Sinaï s'ébranla devant Dieu, le Dieu d'Israël.

**68.10**
Tu fis tomber une pluie bienfaisante, ô Dieu! Tu fortifias ton héritage épuisé.

**68.11**
Ton peuple établit sa demeure dans le pays Que ta bonté, ô Dieu! tu avais préparé pour les malheureux.

**68.12**
Le Seigneur dit une parole, Et les messagères de bonnes nouvelles sont une grande armée :

**68.13**

Les rois des armées fuient, fuient, Et celle qui reste à la maison partage le butin.

**68.14**

Tandis que vous reposez au milieu des étables, Les ailes de la colombe sont couvertes d'argent, Et son plumage est d'un jaune d'or.

**68.15**

Lorsque le Tout-Puissant dispersa les rois dans le pays, La terre devint blanche comme la neige du Tsalmon.

**68.16**

Montagnes de Dieu, montagnes de Basan, Montagnes aux cimes nombreuses, montagnes de Basan,

**68.17**

Pourquoi, montagnes aux cimes nombreuses, avez-vous de l'envie Contre la montagne que Dieu a voulue pour résidence ? L'Éternel n'en fera pas moins sa demeure à perpétuité.

**68.18**

Les chars de l'Éternel se comptent par vingt mille, Par milliers et par milliers ; Le Seigneur est au milieu d'eux, le Sinaï est dans le sanctuaire.

**68.19**

Tu es monté dans les hauteurs, tu as emmené des captifs, Tu as pris en don des hommes ; Les rebelles habiteront aussi près de l'Éternel Dieu.

**68.20**

Béni soit le Seigneur chaque jour ! Quand on nous accable, Dieu nous délivre.

**68.21**
Dieu est pour nous le Dieu des délivrances, Et l'Éternel, le Seigneur, peut nous garantir de la mort.

**68.22**
Oui, Dieu brisera la tête de ses ennemis, Le sommet de la tête de ceux qui vivent dans le péché.

**68.23**
Le Seigneur dit : Je les ramènerai de Basan, Je les ramènerai du fond de la mer,

**68.24**
Afin que tu plonges ton pied dans le sang, Et que la langue de tes chiens ait sa part des ennemis.

**68.25**
Ils voient ta marche, ô Dieu! La marche de mon Dieu, de mon roi, dans le sanctuaire.

**68.26**
En tête vont les chanteurs, puis ceux qui jouent des instruments, Au milieu de jeunes filles battant du tambourin.

**68.27**
Bénissez Dieu dans les assemblées, Bénissez le Seigneur, descendants d'Israël!

**68.28**
Là sont Benjamin, le plus jeune, qui domine sur eux, Les chefs de Juda et leur troupe, Les chefs de Zabulon, les chefs de Nephthali.

**68.29**
Ton Dieu ordonne que tu sois puissant; Affermis, ô Dieu, ce que tu as fait pour nous!

**68.30**
De ton temple tu règnes sur Jérusalem ; Les rois t'apporteront des présents.

**68.31**
Épouvante l'animal des roseaux, La troupe des taureaux avec les veaux des peuples, Qui se prosternent avec des pièces d'argent ! Disperse les peuples qui prennent plaisir à combattre !

**68.32**
Des grands viennent de l'Égypte ; L'Éthiopie accourt, les mains tendues vers Dieu.

**68.33**
Royaumes de la terre, chantez à Dieu, Célébrez le Seigneur !

**68.34**
Chantez à celui qui s'avance dans les cieux, les cieux éternels ! Voici, il fait entendre sa voix, sa voix puissante.

**68.35**
Rendez gloire à Dieu ! Sa majesté est sur Israël, et sa force dans les cieux.

**68.36**
De ton sanctuaire, ô Dieu ! tu es redoutable. Le Dieu d'Israël donne à son peuple la force et la puissance. Béni soit Dieu !

## PSAUME 69

**69.1**
Au chef des chantres. Sur les lis. De David.

**69.2**
Sauve-moi, ô Dieu ! Car les eaux menacent ma vie.

**69.3**

J'enfonce dans la boue, sans pouvoir me tenir ; Je suis tombé dans un gouffre, et les eaux m'inondent.

**69.4**

Je m'épuise à crier, mon gosier se dessèche, Mes yeux se consument, tandis que je regarde vers mon Dieu.

**69.5**

Ils sont plus nombreux que les cheveux de ma tête, Ceux qui me haïssent sans cause ; Ils sont puissants, ceux qui veulent me perdre, Qui sont à tort mes ennemis. Ce que je n'ai pas dérobé, il faut que je le restitue.

**69.6**

Ô Dieu ! tu connais ma folie, Et mes fautes ne te sont point cachées.

**69.7**

Que ceux qui espèrent en toi ne soient pas confus à cause de moi, Seigneur, Éternel des armées ! Que ceux qui te cherchent ne soient pas dans la honte à cause de moi, Dieu d'Israël !

**69.8**

Car c'est pour toi que je porte l'opprobre, Que la honte couvre mon visage ;

**69.9**

Je suis devenu un étranger pour mes frères, Un inconnu pour les fils de ma mère.

**69.10**

Car le zèle de ta maison me dévore, Et les outrages de ceux qui t'insultent tombent sur moi.

**69.11**
Je verse des larmes et je jeûne, Et c'est ce qui m'attire l'opprobre;

**69.12**
Je prends un sac pour vêtement, Et je suis l'objet de leurs sarcasmes.

**69.13**
Ceux qui sont assis à la porte parlent de moi, Et les buveurs de liqueurs fortes me mettent en chansons.

**69.14**
Mais je t'adresse ma prière, ô Éternel! Que ce soit le temps favorable, ô Dieu, par ta grande bonté! Réponds-moi, en m'assurant ton secours!

**69.15**
Retire-moi de la boue, et que je n'enfonce plus! Que je sois délivré de mes ennemis et du gouffre!

**69.16**
Que les flots ne m'inondent plus, Que l'abîme ne m'engloutisse pas, Et que la fosse ne se ferme pas sur moi!

**69.17**
Exauce-moi, Éternel! car ta bonté est immense. Dans tes grandes compassions, tourne vers moi les regards,

**69.18**
Et ne cache pas ta face à ton serviteur! Puisque je suis dans la détresse, hâte-toi de m'exaucer!

**69.19**
Approche-toi de mon âme, délivre-la! Sauve-moi, à cause de mes ennemis!

**69.20**

Tu connais mon opprobre, ma honte, mon ignominie ; Tous mes adversaires sont devant toi.

**69.21**

L'opprobre me brise le cœur, et je suis malade ; J'attends de la pitié, mais en vain, Des consolateurs, et je n'en trouve aucun.

**69.22**

Ils mettent du fiel dans ma nourriture, Et, pour apaiser ma soif, ils m'abreuvent de vinaigre.

**69.23**

Que leur table soit pour eux un piège, Et un filet au sein de leur sécurité !

**69.24**

Que leurs yeux s'obscurcissent et ne voient plus, Et fais continuellement chanceler leurs reins !

**69.25**

Répands sur eux ta colère, Et que ton ardente fureur les atteigne !

**69.26**

Que leur demeure soit dévastée, Qu'il n'y ait plus d'habitants dans leurs tentes !

**69.27**

Car ils persécutent celui que tu frappes, Ils racontent les souffrances de ceux que tu blesses.

**69.28**

Ajoute des iniquités à leurs iniquités, Et qu'ils n'aient point part à ta miséricorde !

**69.29**
Qu'ils soient effacés du livre de vie, Et qu'ils ne soient point inscrits avec les justes !

**69.30**
Moi, je suis malheureux et souffrant : Ô Dieu, que ton secours me relève !

**69.31**
Je célébrerai le nom de Dieu par des cantiques, Je l'exalterai par des louanges.

**69.32**
Cela est agréable à l'Éternel, plus qu'un taureau Avec des cornes et des sabots.

**69.33**
Les malheureux le voient et se réjouissent ; Vous qui cherchez Dieu, que votre cœur vive !

**69.34**
Car l'Éternel écoute les pauvres, Et il ne méprise point ses captifs.

**69.35**
Que les cieux et la terre le célèbrent, Les mers et tout ce qui s'y meut !

**69.36**
Car Dieu sauvera Sion, et bâtira les villes de Juda ; On s'y établira, et l'on en prendra possession ;

**69.37**
La postérité de ses serviteurs en fera son héritage, Et ceux qui aiment son nom y auront leur demeure.

## PSAUME 70

**70.1**
Au chef des chantres. De David. Pour souvenir.

**70.2**
Ô Dieu, hâte-toi de me délivrer ! Éternel, hâte-toi de me secourir !

**70.3**
Qu'ils soient honteux et confus, ceux qui en veulent à ma vie ! Qu'ils reculent et rougissent, ceux qui désirent ma perte !

**70.4**
Qu'ils retournent en arrière par l'effet de leur honte, Ceux qui disent : Ah ! ah !

**70.5**
Que tous ceux qui te cherchent Soient dans l'allégresse et se réjouissent en toi ! Que ceux qui aiment ton salut Disent sans cesse : Exalté soit Dieu !

**70.6**
Moi, je suis pauvre et indigent : Ô Dieu, hâte-toi en ma faveur ! Tu es mon aide et mon libérateur : Éternel, ne tarde pas !

## PSAUME 71

**71.1**
Éternel ! je cherche en toi mon refuge : Que jamais je ne sois confondu !

**71.2**
Dans ta justice, sauve-moi et délivre-moi ! Incline vers moi ton oreille, et secours-moi !

**71.3**
Sois pour moi un rocher qui me serve d'asile, Où je puisse toujours me retirer! Tu as résolu de me sauver, Car tu es mon rocher et ma forteresse.

**71.4**
Mon Dieu, délivre-moi de la main du méchant, De la main de l'homme inique et violent!

**71.5**
Car tu es mon espérance, Seigneur Éternel! En toi je me confie dès ma jeunesse.

**71.6**
Dès le ventre de ma mère je m'appuie sur toi; C'est toi qui m'as fait sortir du sein maternel; tu es sans cesse l'objet de mes louanges.

**71.7**
Je suis pour plusieurs comme un prodige, Et toi, tu es mon puissant refuge.

**71.8**
Que ma bouche soit remplie de tes louanges, Que chaque jour elle te glorifie!

**71.9**
Ne me rejette pas au temps de la vieillesse; Quand mes forces s'en vont, ne m'abandonne pas!

**71.10**
Car mes ennemis parlent de moi, Et ceux qui guettent ma vie se consultent entre eux,

**71.11**
Disant : Dieu l'abandonne; Poursuivez, saisissez-le; il n'y a personne pour le délivrer.

**71.12**
Ô Dieu, ne t'éloigne pas de moi! Mon Dieu, viens en hâte à mon secours!

**71.13**
Qu'ils soient confus, anéantis, ceux qui en veulent à ma vie! Qu'ils soient couverts de honte et d'opprobre, ceux qui cherchent ma perte!

**71.14**
Et moi, j'espérerai toujours, Je te louerai de plus en plus.

**71.15**
Ma bouche publiera ta justice, ton salut, chaque jour, Car j'ignore quelles en sont les bornes.

**71.16**
Je dirai tes œuvres puissantes, Seigneur Éternel! Je rappellerai ta justice, la tienne seule.

**71.17**
Ô Dieu! tu m'as instruit dès ma jeunesse, Et jusqu'à présent j'annonce tes merveilles.

**71.18**
Ne m'abandonne pas, ô Dieu! même dans la blanche vieillesse, Afin que j'annonce ta force à la génération présente, Ta puissance à la génération future!

**71.19**
Ta justice, ô Dieu! atteint jusqu'au ciel; Tu as accompli de grandes choses : ô Dieu! qui est semblable à toi?

**71.20**
Tu nous as fait éprouver bien des détresses et des malheurs; Mais tu nous redonneras la vie, Tu nous feras remonter des abîmes de la terre.

**71.21**
Relève ma grandeur, Console-moi de nouveau!

**71.22**
Et je te louerai au son du luth, je chanterai ta fidélité, mon Dieu, Je te célébrerai avec la harpe, Saint d'Israël!

**71.23**
En te célébrant, j'aurai la joie sur les lèvres, La joie dans mon âme que tu as délivrée;

**71.24**
Ma langue chaque jour publiera ta justice, Car ceux qui cherchent ma perte sont honteux et confus.

## PSAUME 72

**72.1**
De Salomon. Ô Dieu, donne tes jugements au roi, Et ta justice au fils du roi!

**72.2**
Il jugera ton peuple avec justice, Et tes malheureux avec équité.

**72.3**
Les montagnes porteront la paix pour le peuple, Et les collines aussi, par l'effet de ta justice.

**72.4**
Il fera droit aux malheureux du peuple, Il sauvera les enfants du pauvre, Et il écrasera l'oppresseur.

**72.5**
On te craindra, tant que subsistera le soleil, Tant que paraîtra la lune, de génération en génération.

**72.6**
Il sera comme une pluie qui tombe sur un terrain fauché, Comme des ondées qui arrosent la campagne.

**72.7**
En ses jours le juste fleurira, Et la paix sera grande jusqu'à ce qu'il n'y ait plus de lune.

**72.8**
Il dominera d'une mer à l'autre, Et du fleuve aux extrémités de la terre.

**72.9**
Devant lui, les habitants du désert fléchiront le genou, Et ses ennemis lécheront la poussière.

**72.10**
Les rois de Tarsis et des îles paieront des tributs, Les rois de Séba et de Saba offriront des présents.

**72.11**
Tous les rois se prosterneront devant lui, Toutes les nations le serviront.

**72.12**
Car il délivrera le pauvre qui crie, Et le malheureux qui n'a point d'aide.

**72.13**
Il aura pitié du misérable et de l'indigent, Et il sauvera la vie des pauvres ;

**72.14**
Il les affranchira de l'oppression et de la violence, Et leur sang aura du prix à ses yeux.

**72.15**
Ils vivront, et lui donneront de l'or de Séba ; Ils prieront pour lui sans cesse, ils le béniront chaque jour.

**72.16**
Les blés abonderont dans le pays, au sommet des montagnes, Et leurs épis s'agiteront comme les arbres du Liban; Les hommes fleuriront dans les villes comme l'herbe de la terre.

**72.17**
Son nom subsistera toujours, Aussi longtemps que le soleil son nom se perpétuera; Par lui on se bénira mutuellement, Et toutes les nations le diront heureux.

**72.18**
Béni soit l'Éternel Dieu, le Dieu d'Israël, qui seul fait des prodiges!

**72.19**
Béni soit à jamais son nom glorieux! Que toute la terre soit remplie de sa gloire! Amen! Amen!

**72.20**
Fin des prières de David, fils d'Isaï.

## PSAUME 73

**73.1**
Psaume d'Asaph. Oui, Dieu est bon pour Israël, Pour ceux qui ont le cœur pur.

**73.2**
Toutefois, mon pied allait fléchir, Mes pas étaient sur le point de glisser;

**73.3**
Car je portais envie aux insensés, En voyant le bonheur des méchants.

**73.4**

Rien ne les tourmente jusqu'à leur mort, Et leur corps est chargé d'embonpoint;

**73.5**

Ils n'ont aucune part aux souffrances humaines, Ils ne sont point frappés comme le reste des hommes.

**73.6**

Aussi l'orgueil leur sert de collier, La violence est le vêtement qui les enveloppe;

**73.7**

L'iniquité sort de leurs entrailles, Les pensées de leur cœur se font jour.

**73.8**

Ils raillent, et parlent méchamment d'opprimer; Ils profèrent des discours hautains,

**73.9**

Ils élèvent leur bouche jusqu'aux cieux, Et leur langue se promène sur la terre.

**73.10**

Voilà pourquoi son peuple se tourne de leur côté, Il avale l'eau abondamment,

**73.11**

Et il dit : Comment Dieu aurait-il, Comment le Très-Haut connaîtrait-il?

**73.12**

Ainsi sont les méchants : Toujours heureux, ils accroissent leurs richesses.

**73.13**

C'est donc en vain que j'ai purifié mon cœur, Et que j'ai lavé mes mains dans l'innocence :

**73.14**
Chaque jour je suis frappé, Tous les matins mon châtiment est là.

**73.15**
Si je disais : Je veux parler comme eux, Voici, je trahirais la race de tes enfants.

**73.16**
Quand j'ai réfléchi là-dessus pour m'éclairer, La difficulté fut grande à mes yeux,

**73.17**
Jusqu'à ce que j'eusse pénétré dans les sanctuaires de Dieu, Et que j'eusse pris garde au sort final des méchants.

**73.18**
Oui, tu les places sur des voies glissantes, Tu les fais tomber et les mets en ruines.

**73.19**
Eh quoi! en un instant les voilà détruits! Ils sont enlevés, anéantis par une fin soudaine!

**73.20**
Comme un songe au réveil, Seigneur, à ton réveil, tu repousses leur image.

**73.21**
Lorsque mon cœur s'aigrissait, Et que je me sentais percé dans les entrailles,

**73.22**
J'étais stupide et sans intelligence, J'étais à ton égard comme les bêtes.

**73.23**
Cependant je suis toujours avec toi, Tu m'as saisi la main droite;

**73.24**
Tu me conduiras par ton conseil, Puis tu me recevras dans la gloire.

**73.25**
Quel autre ai-je au ciel que toi ! Et sur la terre je ne prends plaisir qu'en toi.

**73.26**
Ma chair et mon cœur peuvent se consumer : Dieu sera toujours le rocher de mon cœur et mon partage.

**73.27**
Car voici, ceux qui s'éloignent de toi périssent ; Tu anéantis tous ceux qui te sont infidèles.

**73.28**
Pour moi, m'approcher de Dieu, c'est mon bien : Je place mon refuge dans le Seigneur, l'Éternel, Afin de raconter toutes tes œuvres.

## PSAUME 74

**74.1**
Cantique d'Asaph. Pourquoi, ô Dieu ! rejettes-tu pour toujours ? Pourquoi t'irrites-tu contre le troupeau de ton pâturage ?

**74.2**
Souviens-toi de ton peuple que tu as acquis autrefois, Que tu as racheté comme la tribu de ton héritage ! Souviens-toi de la montagne de Sion, où tu faisais ta résidence ;

**74.3**
Porte tes pas vers ces lieux constamment dévastés ! L'ennemi a tout ravagé dans le sanctuaire.

**74.4**

Tes adversaires ont rugi au milieu de ton temple; Ils ont établi pour signes leurs signes.

**74.5**

On les a vus, pareils à celui qui lève La cognée dans une épaisse forêt;

**74.6**

Et bientôt ils ont brisé toutes les sculptures, À coups de haches et de marteaux.

**74.7**

Ils ont mis le feu à ton sanctuaire; Ils ont abattu, profané la demeure de ton nom.

**74.8**

Ils disaient en leur cœur : Traitons-les tous avec violence! Ils ont brûlé dans le pays tous les lieux saints.

**74.9**

Nous ne voyons plus nos signes; Il n'y a plus de prophète, Et personne parmi nous qui sache jusques à quand...

**74.10**

Jusques à quand, ô Dieu! l'oppresseur outragera-t-il, L'ennemi méprisera-t-il sans cesse ton nom?

**74.11**

Pourquoi retires-tu ta main et ta droite? Sors-la de ton sein! détruis!

**74.12**

Dieu est mon roi dès les temps anciens, Lui qui opère des délivrances au milieu de la terre.

**74.13**
Tu as fendu la mer par ta puissance, Tu as brisé les têtes des monstres sur les eaux ;

**74.14**
Tu as écrasé la tête du crocodile, Tu l'as donné pour nourriture au peuple du désert.

**74.15**
Tu as fait jaillir des sources et des torrents. Tu as mis à sec des fleuves qui ne tarissent point.

**74.16**
À toi est le jour, à toi est la nuit ; Tu as créé la lumière et le soleil.

**74.17**
Tu as fixé toutes les limites de la terre, Tu as établi l'été et l'hiver.

**74.18**
Souviens-toi que l'ennemi outrage l'Éternel, Et qu'un peuple insensé méprise ton nom !

**74.19**
Ne livre pas aux bêtes l'âme de ta tourterelle, N'oublie pas à toujours la vie de tes malheureux !

**74.20**
Aie égard à l'alliance ! Car les lieux sombres du pays sont pleins de repaires de brigands.

**74.21**
Que l'opprimé ne retourne pas confus ! Que le malheureux et le pauvre célèbrent ton nom !

**74.22**
Lève-toi, ô Dieu ! défends ta cause ! Souviens-toi des outrages que te fait chaque jour l'insensé !

**74.23**

N'oublie pas les clameurs de tes adversaires, Le tumulte sans cesse croissant de ceux qui s'élèvent contre toi !

## PSAUME 75

**75.1**

Au chef des chantres. « Ne détruis pas ». Psaume d'Asaph. Cantique.

**75.2**

Nous te louons, ô Dieu ! nous te louons ; Ton nom est dans nos bouches ; Nous publions tes merveilles.

**75.3**

Au temps que j'aurai fixé, Je jugerai avec droiture.

**75.4**

La terre tremble avec tous ceux qui l'habitent : Moi, j'affermis ses colonnes.

**75.5**

Je dis à ceux qui se glorifient : Ne vous glorifiez pas ! Et aux méchants : N'élevez pas la tête !

**75.6**

N'élevez pas si haut votre tête, Ne parlez pas avec tant d'arrogance !

**75.7**

Car ce n'est ni de l'orient, ni de l'occident, Ni du désert, que vient l'élévation.

**75.8**

Mais Dieu est celui qui juge : Il abaisse l'un, et il élève l'autre.

**75.9**

Il y a dans la main de l'Éternel une coupe, Où fermente un vin plein de mélange, Et il en verse : Tous les méchants de la terre sucent, boivent jusqu'à la lie.

**75.10**

Je publierai ces choses à jamais; Je chanterai en l'honneur du Dieu de Jacob.

**75.11**

Et j'abattrai toutes les forces des méchants; Les forces du juste seront élevées.

## PSAUME 76

**76.1**

Au chef des chantres. Avec instruments à cordes. Psaume d'Asaph. Cantique.

**76.2**

Dieu est connu en Juda, Son nom est grand en Israël.

**76.3**

Sa tente est à Salem, Et sa demeure à Sion.

**76.4**

C'est là qu'il a brisé les flèches, Le bouclier, l'épée et les armes de guerre.

**76.5**

Tu es plus majestueux, plus puissant Que les montagnes des ravisseurs.

**76.6**
Ils ont été dépouillés, ces héros pleins de courage, Ils se sont endormis de leur dernier sommeil; Ils n'ont pas su se défendre, tous ces vaillants hommes.

**76.7**
À ta menace, Dieu de Jacob! Ils se sont endormis, cavaliers et chevaux.

**76.8**
Tu es redoutable, ô toi! Qui peut te résister, quand ta colère éclate?

**76.9**
Du haut des cieux tu as proclamé la sentence; La terre effrayée s'est tenue tranquille,

**76.10**
Lorsque Dieu s'est levé pour faire justice, Pour sauver tous les malheureux de la terre.

**76.11**
L'homme te célèbre même dans sa fureur, Quand tu te revêts de tout ton courroux.

**76.12**
Faites des vœux à l'Éternel, votre Dieu, et accomplissez-les! Que tous ceux qui l'environnent apportent des dons au Dieu terrible!

**76.13**
Il abat l'orgueil des princes, Il est redoutable aux rois de la terre.

## PSAUME 77

**77.1**
Au chef des chantres. D'après Jeduthun. Psaume d'Asaph.

**77.2**
Ma voix s'élève à Dieu, et je crie ; Ma voix s'élève à Dieu, et il m'écoutera.

**77.3**
Au jour de ma détresse, je cherche le Seigneur ; La nuit, mes mains sont étendues sans se lasser ; Mon âme refuse toute consolation.

**77.4**
Je me souviens de Dieu, et je gémis ; Je médite, et mon esprit est abattu.

**77.5**
Tu tiens mes paupières en éveil ; Et, dans mon trouble, je ne puis parler.

**77.6**
Je pense aux jours anciens, Aux années d'autrefois.

**77.7**
Je pense à mes cantiques pendant la nuit, Je fais des réflexions au-dedans de mon cœur, Et mon esprit médite.

**77.8**
Le Seigneur rejettera-t-il pour toujours ? Ne sera-t-il plus favorable ?

**77.9**
Sa bonté est-elle à jamais épuisée ? Sa parole est-elle anéantie pour l'éternité ?

**77.10**
Dieu a-t-il oublié d'avoir compassion? A-t-il, dans sa colère, retiré sa miséricorde?

**77.11**
Je dis : Ce qui fait ma souffrance, C'est que la droite du Très-Haut n'est plus la même…

**77.12**
Je rappellerai les œuvres de l'Éternel, Car je me souviens de tes merveilles d'autrefois;

**77.13**
Je parlerai de toutes tes œuvres, Je raconterai tes hauts faits.

**77.14**
Ô Dieu! tes voies sont saintes; Quel dieu est grand comme Dieu?

**77.15**
Tu es le Dieu qui fait des prodiges; Tu as manifesté parmi les peuples ta puissance.

**77.16**
Par ton bras tu as délivré ton peuple, Les fils de Jacob et de Joseph.

**77.17**
Les eaux t'ont vu, ô Dieu! Les eaux t'ont vu, elles ont tremblé; Les abîmes se sont émus.

**77.18**
Les nuages versèrent de l'eau par torrents, Le tonnerre retentit dans les nues, Et tes flèches volèrent de toutes parts.

**77.19**
Ton tonnerre éclata dans le tourbillon, Les éclairs illuminèrent le monde; La terre s'émut et trembla.

**77.20**

Tu te frayas un chemin par la mer, Un sentier par les grandes eaux, Et tes traces ne furent plus reconnues.

**77.21**

Tu as conduit ton peuple comme un troupeau, Par la main de Moïse et d'Aaron.

## PSAUME 78

**78.1**

Cantique d'Asaph. Mon peuple, écoute mes instructions ! Prêtez l'oreille aux paroles de ma bouche !

**78.2**

J'ouvre la bouche par des sentences, Je publie la sagesse des temps anciens.

**78.3**

Ce que nous avons entendu, ce que nous savons, Ce que nos pères nous ont raconté,

**78.4**

Nous ne le cacherons point à leurs enfants ; Nous dirons à la génération future les louanges de l'Éternel, Et sa puissance, et les prodiges qu'il a opérés.

**78.5**

Il a établi un témoignage en Jacob, Il a mis une loi en Israël, Et il a ordonné à nos pères de l'enseigner à leurs enfants,

**78.6**

Pour qu'elle fût connue de la génération future, Des enfants qui naîtraient, Et que, devenus grands, ils en parlassent à leurs enfants,

**78.7**
Afin qu'ils missent en Dieu leur confiance, Qu'ils n'oubliassent pas les œuvres de Dieu, Et qu'ils observassent ses commandements,

**78.8**
Afin qu'ils ne fussent pas, comme leurs pères, Une race indocile et rebelle, Une race dont le cœur n'était pas ferme, Et dont l'esprit n'était pas fidèle à Dieu.

**78.9**
Les fils d'Éphraïm, armés et tirant de l'arc, Tournèrent le dos le jour du combat.

**78.10**
Ils ne gardèrent point l'alliance de Dieu, Et ils refusèrent de marcher selon sa loi.

**78.11**
Ils mirent en oubli ses œuvres, Ses merveilles qu'il leur avait fait voir.

**78.12**
Devant leurs pères il avait fait des prodiges, Au pays d'Égypte, dans les campagnes de Tsoan.

**78.13**
Il fendit la mer et leur ouvrit un passage, Il fit dresser les eaux comme une muraille.

**78.14**
Il les conduisit le jour par la nuée, Et toute la nuit par un feu éclatant.

**78.15**
Il fendit des rochers dans le désert, Et il donna à boire comme des flots abondants;

**78.16**
Du rocher il fit jaillir des sources, Et couler des eaux comme des fleuves.

**78.17**
Mais ils continuèrent à pécher contre lui, À se révolter contre le Très-Haut dans le désert.

**78.18**
Ils tentèrent Dieu dans leur cœur, En demandant de la nourriture selon leur désir.

**78.19**
Ils parlèrent contre Dieu, Ils dirent : Dieu pourrait-il Dresser une table dans le désert ?

**78.20**
Voici, il a frappé le rocher, et des eaux ont coulé, Et des torrents se sont répandus ; Pourra-t-il aussi donner du pain, Ou fournir de la viande à son peuple ?

**78.21**
L'Éternel entendit, et il fut irrité ; Un feu s'alluma contre Jacob, Et la colère s'éleva contre Israël,

**78.22**
Parce qu'ils ne crurent pas en Dieu, Parce qu'ils n'eurent pas confiance dans son secours.

**78.23**
Il commanda aux nuages d'en haut, Et il ouvrit les portes des cieux ;

**78.24**
Il fit pleuvoir sur eux la manne pour nourriture, Il leur donna le blé du ciel.

**78.25**
Ils mangèrent tous le pain des grands, Il leur envoya de la nourriture à satiété.

**78.26**
Il fit souffler dans les cieux le vent d'orient, Et il amena par sa puissance le vent du midi ;

**78.27**
Il fit pleuvoir sur eux la viande comme de la poussière, Et comme le sable des mers les oiseaux ailés ;

**78.28**
Il les fit tomber au milieu de leur camp, Tout autour de leurs demeures.

**78.29**
Ils mangèrent et se rassasièrent abondamment : Dieu leur donna ce qu'ils avaient désiré.

**78.30**
Ils n'avaient pas satisfait leur désir, Ils avaient encore leur nourriture dans la bouche,

**78.31**
Lorsque la colère de Dieu s'éleva contre eux ; Il frappa de mort les plus vigoureux, Il abattit les jeunes hommes d'Israël.

**78.32**
Malgré tout cela, ils continuèrent à pécher, Et ne crurent point à ses prodiges.

**78.33**
Il consuma leurs jours par la vanité, Et leurs années par une fin soudaine.

**78.34**

Quand il les frappait de mort, ils le cherchaient, Ils revenaient et se tournaient vers Dieu ;

**78.35**

Ils se souvenaient que Dieu était leur rocher, Que le Dieu Très-Haut était leur libérateur.

**78.36**

Mais ils le trompaient de la bouche, Et ils lui mentaient de la langue ;

**78.37**

Leur cœur n'était pas ferme envers lui, Et ils n'étaient pas fidèles à son alliance.

**78.38**

Toutefois, dans sa miséricorde, il pardonne l'iniquité et ne détruit pas ; Il retient souvent sa colère et ne se livre pas à toute sa fureur.

**78.39**

Il se souvint qu'ils n'étaient que chair, Un souffle qui s'en va et ne revient pas.

**78.40**

Que de fois ils se révoltèrent contre lui dans le désert ! Que de fois ils l'irritèrent dans la solitude !

**78.41**

Ils ne cessèrent de tenter Dieu, Et de provoquer le Saint d'Israël.

**78.42**

Ils ne se souvinrent pas de sa puissance, Du jour où il les délivra de l'ennemi,

**78.43**

Des miracles qu'il accomplit en Égypte, Et de ses prodiges dans les campagnes de Tsoan.

**78.44**
Il changea leurs fleuves en sang, Et ils ne purent en boire les eaux.

**78.45**
Il envoya contre eux des mouches venimeuses qui les dévorèrent, Et des grenouilles qui les détruisirent.

**78.46**
Il livra leurs récoltes aux sauterelles, Le produit de leur travail aux sauterelles.

**78.47**
Il fit périr leurs vignes par la grêle, Et leurs sycomores par la gelée.

**78.48**
Il abandonna leur bétail à la grêle, Et leurs troupeaux au feu du ciel.

**78.49**
Il lança contre eux son ardente colère, La fureur, la rage et la détresse, Une troupe de messagers de malheur.

**78.50**
Il donna libre cours à sa colère, Il ne sauva pas leur âme de la mort, Il livra leur vie à la mortalité ;

**78.51**
Il frappa tous les premiers-nés en Égypte, Les prémices de la force sous les tentes de Cham.

**78.52**
Il fit partir son peuple comme des brebis, Il les conduisit comme un troupeau dans le désert.

**78.53**
Il les dirigea sûrement, pour qu'ils fussent sans crainte, Et la mer couvrit leurs ennemis.

**78.54**
Il les amena vers sa frontière sainte, Vers cette montagne que sa droite a acquise.

**78.55**
Il chassa devant eux les nations, Leur distribua le pays en héritage, Et fit habiter dans leurs tentes les tribus d'Israël.

**78.56**
Mais ils tentèrent le Dieu Très-Haut et se révoltèrent contre lui, Et ils n'observèrent point ses ordonnances.

**78.57**
Ils s'éloignèrent et furent infidèles, comme leurs pères, Ils tournèrent, comme un arc trompeur.

**78.58**
Ils l'irritèrent par leurs hauts lieux, Et ils excitèrent sa jalousie par leurs idoles.

**78.59**
Dieu entendit, et il fut irrité ; Il repoussa fortement Israël.

**78.60**
Il abandonna la demeure de Silo, La tente où il habitait parmi les hommes ;

**78.61**
Il livra sa gloire à la captivité, Et sa majesté entre les mains de l'ennemi.

**78.62**
Il mit son peuple à la merci du glaive, Et il s'indigna contre son héritage.

**78.63**
Le feu dévora ses jeunes hommes, Et ses vierges ne furent pas célébrées ;

**78.64**
Ses sacrificateurs tombèrent par l'épée, Et ses veuves ne pleurèrent pas.

**78.65**
Le Seigneur s'éveilla comme celui qui a dormi, Comme un héros qu'a subjugué le vin.

**78.66**
Il frappa ses adversaires en fuite, Il les couvrit d'un opprobre éternel.

**78.67**
Cependant il rejeta la tente de Joseph, Et il ne choisit point la tribu d'Éphraïm;

**78.68**
Il préféra la tribu de Juda, La montagne de Sion qu'il aimait.

**78.69**
Et il bâtit son sanctuaire comme les lieux élevés, Comme la terre qu'il a fondée pour toujours.

**78.70**
Il choisit David, son serviteur, Et il le tira des bergeries;

**78.71**
Il le prit derrière les brebis qui allaitent, Pour lui faire paître Jacob, son peuple, Et Israël, son héritage.

**78.72**
Et David les dirigea avec un cœur intègre, Et les conduisit avec des mains intelligentes.

## PSAUME 79

**79.1**

Psaume d'Asaph. Ô Dieu! les nations ont envahi ton héritage, Elles ont profané ton saint temple, Elles ont fait de Jérusalem un monceau de pierres.

**79.2**

Elles ont livré les cadavres de tes serviteurs En pâture aux oiseaux du ciel, La chair de tes fidèles aux bêtes de la terre;

**79.3**

Elles ont versé leur sang comme de l'eau Tout autour de Jérusalem, Et il n'y a eu personne pour les enterrer.

**79.4**

Nous sommes devenus un objet d'opprobre pour nos voisins, De moquerie et de risée pour ceux qui nous entourent.

**79.5**

Jusques à quand, Éternel! t'irriteras-tu sans cesse, Et ta colère s'embrasera-t-elle comme le feu?

**79.6**

Répands ta fureur sur les nations qui ne te connaissent pas, Et sur les royaumes qui n'invoquent pas ton nom!

**79.7**

Car on a dévoré Jacob, Et ravagé sa demeure.

**79.8**

Ne te souviens plus de nos iniquités passées! Que tes compassions viennent en hâte au-devant de nous! Car nous sommes bien malheureux.

**79.9**

Secours-nous, Dieu de notre salut, pour la gloire de ton nom! Délivre-nous, et pardonne nos péchés, à cause de ton nom!

**79.10**
Pourquoi les nations diraient-elles : Où est leur Dieu? Qu'on sache, en notre présence, parmi les nations, Que tu venges le sang de tes serviteurs, le sang répandu!

**79.11**
Que les gémissements des captifs parviennent jusqu'à toi! Par ton bras puissant sauve ceux qui vont périr!

**79.12**
Rends à nos voisins sept fois dans leur sein Les outrages qu'ils t'ont faits, Seigneur!

**79.13**
Et nous, ton peuple, le troupeau de ton pâturage, Nous te célébrerons éternellement; De génération en génération nous publierons tes louanges.

## PSAUME 80

**80.1**
Au chef des chantres. Sur les lis lyriques. D'Asaph. Psaume.

**80.2**
Prête l'oreille, berger d'Israël, Toi qui conduis Joseph comme un troupeau! Parais dans ta splendeur, Toi qui es assis sur les chérubins!

**80.3**
Devant Éphraïm, Benjamin et Manassé, réveille ta force, Et viens à notre secours!

**80.4**
Ô Dieu, relève-nous! Fais briller ta face, et nous serons sauvés!

**80.5**

Éternel, Dieu des armées! Jusques à quand t'irriteras-tu contre la prière de ton peuple?

**80.6**

Tu les nourris d'un pain de larmes. Tu les abreuves de larmes à pleine mesure.

**80.7**

Tu fais de nous un objet de discorde pour nos voisins, Et nos ennemis se raillent de nous.

**80.8**

Dieu des armées, relève-nous! Fais briller ta face, et nous serons sauvés!

**80.9**

Tu avais arraché de l'Égypte une vigne; Tu as chassé des nations, et tu l'as plantée.

**80.10**

Tu as fait place devant elle : Elle a jeté des racines et rempli la terre;

**80.11**

Les montagnes étaient couvertes de son ombre, Et ses rameaux étaient comme des cèdres de Dieu;

**80.12**

Elle étendait ses branches jusqu'à la mer, Et ses rejetons jusqu'au fleuve.

**80.13**

Pourquoi as-tu rompu ses clôtures, En sorte que tous les passants la dépouillent?

**80.14**

Le sanglier de la forêt la ronge, Et les bêtes des champs en font leur pâture.

**80.15**
Dieu des armées, reviens donc ! Regarde du haut des cieux, et vois ! considère cette vigne !

**80.16**
Protège ce que ta droite a planté, Et le fils que tu t'es choisi !...

**80.17**
Elle est brûlée par le feu, elle est coupée ! Ils périssent devant ta face menaçante.

**80.18**
Que ta main soit sur l'homme de ta droite, Sur le fils de l'homme que tu t'es choisi !

**80.19**
Et nous ne nous éloignerons plus de toi. Fais-nous revivre, et nous invoquerons ton nom.

**80.20**
Éternel, Dieu des armées, relève-nous ! Fais briller ta face, et nous serons sauvés !

## PSAUME 81

**81.1**
Au chef des chantres. Sur la guitthith. D'Asaph.

**81.2**
Chantez avec allégresse à Dieu, notre force ! Poussez des cris de joie vers le Dieu de Jacob !

**81.3**
Entonnez des cantiques, faites résonner le tambourin, La harpe mélodieuse et le luth !

**81.4**
Sonnez de la trompette à la nouvelle lune, À la pleine lune, au jour de notre fête !

**81.5**
Car c'est une loi pour Israël, Une ordonnance du Dieu de Jacob.

**81.6**
Il en fit un statut pour Joseph, Quand il marcha contre le pays d'Égypte... J'entends une voix qui m'est inconnue :

**81.7**
J'ai déchargé son épaule du fardeau, Et ses mains ont lâché la corbeille.

**81.8**
Tu as crié dans la détresse, et je t'ai délivré ; Je t'ai répondu dans la retraite du tonnerre ; Je t'ai éprouvé près des eaux de Meriba.

**81.9**
Écoute, mon peuple ! et je t'avertirai ; Israël, puisses-tu m'écouter !

**81.10**
Qu'il n'y ait au milieu de toi point de dieu étranger ! Ne te prosterne pas devant des dieux étrangers !

**81.11**
Je suis l'Éternel, ton Dieu, qui t'ai fait monter du pays d'Égypte ; Ouvre ta bouche, et je la remplirai.

**81.12**
Mais mon peuple n'a point écouté ma voix, Israël ne m'a point obéi.

**81.13**
Alors je les ai livrés aux penchants de leur cœur, Et ils ont suivi leurs propres conseils.

**81.14**
Oh! si mon peuple m'écoutait, Si Israël marchait dans mes voies!

**81.15**
En un instant je confondrais leurs ennemis, Je tournerais ma main contre leurs adversaires;

**81.16**
Ceux qui haïssent l'Éternel le flatteraient, Et le bonheur d'Israël durerait toujours;

**81.17**
Je le nourrirais du meilleur froment, Et je le rassasierais du miel du rocher.

## PSAUME 82

**82.1**
Psaume d'Asaph. Dieu se tient dans l'assemblée de Dieu; Il juge au milieu des dieux.

**82.2**
Jusques à quand jugerez-vous avec iniquité, Et aurez-vous égard à la personne des méchants?

**82.3**
Rendez justice au faible et à l'orphelin, Faites droit au malheureux et au pauvre,

**82.4**
Sauvez le misérable et l'indigent, Délivrez-les de la main des méchants.

**82.5**
Ils n'ont ni savoir ni intelligence, Ils marchent dans les ténèbres ; Tous les fondements de la terre sont ébranlés.

**82.6**
J'avais dit : Vous êtes des dieux, Vous êtes tous des fils du Très-Haut.

**82.7**
Cependant vous mourrez comme des hommes, Vous tomberez comme un prince quelconque.

**82.8**
Lève-toi, ô Dieu, juge la terre ! Car toutes les nations t'appartiennent.

## PSAUME 83

**83.1**
Cantique. Psaume d'Asaph.

**83.2**
Ô Dieu, ne reste pas dans le silence ! Ne te tais pas, et ne te repose pas, ô Dieu !

**83.3**
Car voici, tes ennemis s'agitent, Ceux qui te haïssent lèvent la tête.

**83.4**
Ils forment contre ton peuple des projets pleins de ruse, Et ils délibèrent contre ceux que tu protèges.

**83.5**
Venez, disent-ils, exterminons-les du milieu des nations, Et qu'on ne se souvienne plus du nom d'Israël !

**83.6**
Ils se concertent tous d'un même cœur, Ils font une alliance contre toi ;

**83.7**
Les tentes d'Édom et les Ismaélites, Moab et les Hagaréniens,

**83.8**
Guebal, Ammon, Amalek, Les Philistins avec les habitants de Tyr ;

**83.9**
L'Assyrie aussi se joint à eux, Elle prête son bras aux enfants de Lot.

**83.10**
Traite-les comme Madian, Comme Sisera, comme Jabin au torrent de Kison !

**83.11**
Ils ont été détruits à En-Dor, Ils sont devenus du fumier pour la terre.

**83.12**
Traite leurs chefs comme Oreb et Zeeb, Et tous leurs princes comme Zébach et Tsalmunna !

**83.13**
Car ils disent : Emparons-nous Des demeures de Dieu !

**83.14**
Mon Dieu ! rends-les semblables au tourbillon, Au chaume qu'emporte le vent,

**83.15**
Au feu qui brûle la forêt, À la flamme qui embrase les montagnes !

**83.16**

Poursuis-les ainsi de ta tempête, Et fais-les trembler par ton ouragan !

**83.17**

Couvre leur face d'ignominie, Afin qu'ils cherchent ton nom, ô Éternel !

**83.18**

Qu'ils soient confus et épouvantés pour toujours, Qu'ils soient honteux et qu'ils périssent !

**83.19**

Qu'ils sachent que toi seul, dont le nom est l'Éternel, Tu es le Très-Haut sur toute la terre !

## PSAUME 84

**84.1**

Au chef des chantres. Sur la guitthith. Des fils de Koré. Psaume

**84.2**

Que tes demeures sont aimables, Éternel des armées !

**84.3**

Mon âme soupire et languit après les parvis de l'Éternel, Mon cœur et ma chair poussent des cris vers le Dieu vivant.

**84.4**

Le passereau même trouve une maison, Et l'hirondelle un nid où elle dépose ses petits… Tes autels, Éternel des armées ! Mon roi et mon Dieu !

**84.5**

Heureux ceux qui habitent ta maison ! Ils peuvent te célébrer encore.

84.6
Heureux ceux qui placent en toi leur appui ! Ils trouvent dans leur cœur des chemins tout tracés.

84.7
Lorsqu'ils traversent la vallée de Baca, Ils la transforment en un lieu plein de sources, Et la pluie la couvre aussi de bénédictions.

84.8
Leur force augmente pendant la marche, Et ils se présentent devant Dieu à Sion.

84.9
Éternel, Dieu des armées, écoute ma prière ! Prête l'oreille, Dieu de Jacob !

84.10
Toi qui es notre bouclier, vois, ô Dieu ! Et regarde la face de ton oint !

84.11
Mieux vaut un jour dans tes parvis que mille ailleurs ; Je préfère me tenir sur le seuil de la maison de mon Dieu, Plutôt que d'habiter sous les tentes de la méchanceté.

84.12
Car l'Éternel Dieu est un soleil et un bouclier, L'Éternel donne la grâce et la gloire, Il ne refuse aucun bien à ceux qui marchent dans l'intégrité.

84.13
Éternel des armées ! Heureux l'homme qui se confie en toi !

## PSAUME 85

**85.1**
Au chef des chantres. Des fils de Koré. Psaume.

**85.2**
Tu as été favorable à ton pays, ô Éternel! Tu as ramené les captifs de Jacob;

**85.3**
Tu as pardonné l'iniquité de ton peuple, Tu as couvert tous ses péchés;

**85.4**
Tu as retiré toute ta fureur, Tu es revenu de l'ardeur de ta colère.

**85.5**
Rétablis-nous, Dieu de notre salut! Cesse ton indignation contre nous!

**85.6**
T'irriteras-tu contre nous à jamais? Prolongeras-tu ta colère éternellement?

**85.7**
Ne nous rendras-tu pas à la vie, Afin que ton peuple se réjouisse en toi?

**85.8**
Éternel! fais-nous voir ta bonté, Et accorde-nous ton salut!

**85.9**
J'écouterai ce que dit Dieu, l'Éternel; Car il parle de paix à son peuple et à ses fidèles, Pourvu qu'ils ne retombent pas dans la folie.

**85.10**
Oui, son salut est près de ceux qui le craignent, Afin que la gloire habite dans notre pays.

**85.11**
La bonté et la fidélité se rencontrent, La justice et la paix s'embrassent;

**85.12**
La fidélité germe de la terre, Et la justice regarde du haut des cieux.

**85.13**
L'Éternel aussi accordera le bonheur, Et notre terre donnera ses fruits.

**85.14**
La justice marchera devant lui, Et imprimera ses pas sur le chemin.

## PSAUME 86

**86.1**
Prière de David. Éternel, prête l'oreille, exauce-moi! Car je suis malheureux et indigent.

**86.2**
Garde mon âme, car je suis pieux! Mon Dieu, sauve ton serviteur qui se confie en toi!

**86.3**
Aie pitié de moi, Seigneur! Car je crie à toi tout le jour.

**86.4**
Réjouis l'âme de ton serviteur, Car à toi, Seigneur, j'élève mon âme.

**86.5**

Car tu es bon, Seigneur, tu pardonnes, Tu es plein d'amour pour tous ceux qui t'invoquent.

**86.6**

Éternel, prête l'oreille à ma prière, Sois attentif à la voix de mes supplications !

**86.7**

Je t'invoque au jour de ma détresse, Car tu m'exauces.

**86.8**

Nul n'est comme toi parmi les dieux, Seigneur, Et rien ne ressemble à tes œuvres.

**86.9**

Toutes les nations que tu as faites viendront Se prosterner devant ta face, Seigneur, Et rendre gloire à ton nom.

**86.10**

Car tu es grand, et tu opères des prodiges ; Toi seul, tu es Dieu.

**86.11**

Enseigne-moi tes voies, ô Éternel ! Je marcherai dans ta fidélité. Dispose mon cœur à la crainte de ton nom.

**86.12**

Je te louerai de tout mon cœur, Seigneur, mon Dieu ! Et je glorifierai ton nom à perpétuité.

**86.13**

Car ta bonté est grande envers moi, Et tu délivres mon âme du séjour profond des morts.

**86.14**

Ô Dieu ! des orgueilleux se sont levés contre moi, Une troupe d'hommes violents en veulent à ma vie ; Ils ne portent pas leurs pensées sur toi.

**86.15**
Mais toi, Seigneur, tu es un Dieu miséricordieux et compatissant, Lent à la colère, riche en bonté et en fidélité ;

**86.16**
Tourne vers moi les regards et aie pitié de moi, Donne la force à ton serviteur, Et sauve le fils de ta servante !

**86.17**
Opère un signe en ma faveur ! Que mes ennemis le voient et soient confus ! Car tu me secours et tu me consoles, ô Éternel !

## PSAUME 87

**87.1**
Des fils de Koré. Psaume. Cantique. Elle est fondée sur les montagnes saintes.

**87.2**
L'Éternel aime les portes de Sion Plus que toutes les demeures de Jacob.

**87.3**
Des choses glorieuses ont été dites sur toi, Ville de Dieu !

**87.4**
Je proclame l'Égypte et Babylone parmi ceux qui me connaissent ; Voici, le pays des Philistins, Tyr, avec l'Éthiopie : C'est dans Sion qu'ils sont nés.

**87.5**
Et de Sion il est dit : Tous y sont nés, Et c'est le Très-Haut qui l'affermit.

**87.6**

L'Éternel compte en inscrivant les peuples : C'est là qu'ils sont nés.

**87.7**

Et ceux qui chantent et ceux qui dansent s'écrient : Toutes mes sources sont en toi.

## PSAUME 88

**88.1**

Cantique. Psaume des fils de Koré. Au chef des chantres. Pour chanter sur la flûte. Cantique d'Héman, l'Ézrachite.

**88.2**

Éternel, Dieu de mon salut ! Je crie jour et nuit devant toi.

**88.3**

Que ma prière parvienne en ta présence ! Prête l'oreille à mes supplications !

**88.4**

Car mon âme est rassasiée de maux, Et ma vie s'approche du séjour des morts.

**88.5**

Je suis mis au rang de ceux qui descendent dans la fosse, Je suis comme un homme qui n'a plus de force.

**88.6**

Je suis étendu parmi les morts, Semblable à ceux qui sont tués et couchés dans le sépulcre, À ceux dont tu n'as plus le souvenir, Et qui sont séparés de ta main.

**88.7**

Tu m'as jeté dans une fosse profonde, Dans les ténèbres, dans les abîmes.

**88.8**
Ta fureur s'appesantit sur moi, Et tu m'accables de tous tes flots.

**88.9**
Tu as éloigné de moi mes amis, Tu m'as rendu pour eux un objet d'horreur; Je suis enfermé et je ne puis sortir.

**88.10**
Mes yeux se consument dans la souffrance; Je t'invoque tous les jours, ô Éternel! J'étends vers toi les mains.

**88.11**
Est-ce pour les morts que tu fais des miracles? Les morts se lèvent-ils pour te louer?

**88.12**
Parle-t-on de ta bonté dans le sépulcre, De ta fidélité dans l'abîme?

**88.13**
Tes prodiges sont-ils connus dans les ténèbres, Et ta justice dans la terre de l'oubli?

**88.14**
Ô Éternel! j'implore ton secours, Et le matin ma prière s'élève à toi.

**88.15**
Pourquoi, Éternel, repousses-tu mon âme? Pourquoi me caches-tu ta face?

**88.16**
Je suis malheureux et moribond dès ma jeunesse, Je suis chargé de tes terreurs, je suis troublé.

**88.17**
Tes fureurs passent sur moi, Tes terreurs m'anéantissent;

**88.18**
Elles m'environnent tout le jour comme des eaux, Elles m'enveloppent toutes à la fois.

**88.19**
Tu as éloigné de moi amis et compagnons; Mes intimes ont disparu.

## PSAUME 89

**89.1**
Cantique d'Éthan, l'Ézrachite.

**89.2**
Je chanterai toujours les bontés de l'Éternel; Ma bouche fera connaître à jamais ta fidélité.

**89.3**
Car je dis : La bonté a des fondements éternels; Tu établis ta fidélité dans les cieux.

**89.4**
J'ai fait alliance avec mon élu; Voici ce que j'ai juré à David, mon serviteur :

**89.5**
J'affermirai ta postérité pour toujours, Et j'établirai ton trône à perpétuité.

**89.6**
Les cieux célèbrent tes merveilles, ô Éternel! Et ta fidélité dans l'assemblée des saints.

**89.7**
Car qui, dans le ciel, peut se comparer à l'Éternel? Qui est semblable à toi parmi les fils de Dieu?

**89.8**
Dieu est terrible dans la grande assemblée des saints, Il est redoutable pour tous ceux qui l'entourent.

**89.9**
Éternel, Dieu des armées! qui est comme toi puissant, ô Éternel? Ta fidélité t'environne.

**89.10**
Tu domptes l'orgueil de la mer; Quand ses flots se soulèvent, tu les apaises.

**89.11**
Tu écrasas l'Égypte comme un cadavre, Tu dispersas tes ennemis par la puissance de ton bras.

**89.12**
C'est à toi qu'appartiennent les cieux et la terre, C'est toi qui as fondé le monde et ce qu'il renferme.

**89.13**
Tu as créé le nord et le midi; Le Thabor et l'Hermon se réjouissent à ton nom.

**89.14**
Ton bras est puissant, Ta main forte, ta droite élevée.

**89.15**
La justice et l'équité sont la base de ton trône. La bonté et la fidélité sont devant ta face.

**89.16**
Heureux le peuple qui connaît le son de la trompette; Il marche à la clarté de ta face, ô Éternel!

**89.17**
Il se réjouit sans cesse de ton nom, Et il se glorifie de ta justice.

**89.18**

Car tu es la gloire de sa puissance ; C'est ta faveur qui relève notre force.

**89.19**

Car l'Éternel est notre bouclier, Le Saint d'Israël est notre roi.

**89.20**

Alors tu parlas dans une vision à ton bien-aimé, Et tu dis : J'ai prêté mon secours à un héros, J'ai élevé du milieu du peuple un jeune homme ;

**89.21**

J'ai trouvé David, mon serviteur, Je l'ai oint de mon huile sainte.

**89.22**

Ma main le soutiendra, Et mon bras le fortifiera.

**89.23**

L'ennemi ne le surprendra pas, Et le méchant ne l'opprimera point ;

**89.24**

J'écraserai devant lui ses adversaires, Et je frapperai ceux qui le haïssent.

**89.25**

Ma fidélité et ma bonté seront avec lui, Et sa force s'élèvera par mon nom.

**89.26**

Je mettrai sa main sur la mer, Et sa droite sur les fleuves.

**89.27**

Lui, il m'invoquera : Tu es mon père, Mon Dieu et le rocher de mon salut !

**89.28**
Et moi, je ferai de lui le premier-né, Le plus élevé des rois de la terre.

**89.29**
Je lui conserverai toujours ma bonté, Et mon alliance lui sera fidèle ;

**89.30**
Je rendrai sa postérité éternelle, Et son trône comme les jours des cieux.

**89.31**
Si ses fils abandonnent ma loi Et ne marchent pas selon ses ordonnances,

**89.32**
S'ils violent mes préceptes Et n'observent pas mes commandements,

**89.33**
Je punirai de la verge leurs transgressions, Et par des coups leurs iniquités ;

**89.34**
Mais je ne lui retirerai point ma bonté Et je ne trahirai pas ma fidélité,

**89.35**
Je ne violerai point mon alliance Et je ne changerai pas ce qui est sorti de mes lèvres.

**89.36**
J'ai juré une fois par ma sainteté : Mentirai-je à David ?

**89.37**
Sa postérité subsistera toujours ; Son trône sera devant moi comme le soleil,

**89.38**
Comme la lune il aura une éternelle durée. Le témoin qui est dans le ciel est fidèle.

**89.39**
Et pourtant, tu as rejeté, tu as repoussé ! Tu t'es irrité contre ton oint !

**89.40**
Tu as dédaigné l'alliance avec ton serviteur ; Tu as abattu, profané sa couronne.

**89.41**
Tu as détruit toutes ses murailles, Tu as mis en ruines ses forteresses.

**89.42**
Tous les passants le dépouillent ; Il est un objet d'opprobre pour ses voisins.

**89.43**
Tu as élevé la droite de ses adversaires, Tu as réjoui tous ses ennemis ;

**89.44**
Tu as fait reculer le tranchant de son glaive, Et tu ne l'as pas soutenu dans le combat.

**89.45**
Tu as mis un terme à sa splendeur, Et tu as jeté son trône à terre ;

**89.46**
Tu as abrégé les jours de sa jeunesse, Tu l'as couvert de honte.

**89.47**
Jusques à quand, Éternel ! te cacheras-tu sans cesse, Et ta fureur s'embrasera-t-elle comme le feu ?

**89.48**
Rappelle-toi ce qu'est la durée de ma vie, Et pour quel néant tu as créé tous les fils de l'homme.

**89.49**
Y a-t-il un homme qui puisse vivre et ne pas voir la mort, Qui puisse sauver son âme du séjour des morts ?

**89.50**
Où sont, Seigneur ! tes bontés premières, Que tu juras à David dans ta fidélité ?

**89.51**
Souviens-toi, Seigneur ! de l'opprobre de tes serviteurs, Souviens-toi que je porte en mon sein tous les peuples nombreux ;

**89.52**
Souviens-toi des outrages de tes ennemis, ô Éternel ! De leurs outrages contre les pas de ton oint.

**89.53**
Béni soit à jamais l'Éternel ! Amen ! Amen !

## PSAUME 90

**90.1**
Prière de Moïse, homme de Dieu. Seigneur ! tu as été pour nous un refuge, De génération en génération.

**90.2**
Avant que les montagnes fussent nées, Et que tu eusses créé la terre et le monde, D'éternité en éternité tu es Dieu.

**90.3**
Tu fais rentrer les hommes dans la poussière, Et tu dis : Fils de l'homme, retournez !

**90.4**

Car mille ans sont, à tes yeux, Comme le jour d'hier, quand il n'est plus, Et comme une veille de la nuit.

**90.5**

Tu les emportes, semblables à un songe, Qui, le matin, passe comme l'herbe :

**90.6**

Elle fleurit le matin, et elle passe, On la coupe le soir, et elle sèche.

**90.7**

Nous sommes consumés par ta colère, Et ta fureur nous épouvante.

**90.8**

Tu mets devant toi nos iniquités, Et à la lumière de ta face nos fautes cachées.

**90.9**

Tous nos jours disparaissent par ton courroux ; Nous voyons nos années s'évanouir comme un son.

**90.10**

Les jours de nos années s'élèvent à soixante-dix ans, Et, pour les plus robustes, à quatre-vingts ans ; Et l'orgueil qu'ils en tirent n'est que peine et misère, Car il passe vite, et nous nous envolons.

**90.11**

Qui prend garde à la force de ta colère, Et à ton courroux, selon la crainte qui t'est due ?

**90.12**

Enseigne-nous à bien compter nos jours, Afin que nous appliquions notre cœur à la sagesse.

**90.13**
Reviens, Éternel ! Jusques à quand ?... Aie pitié de tes serviteurs !

**90.14**
Rassasie-nous chaque matin de ta bonté, Et nous serons toute notre vie dans la joie et l'allégresse.

**90.15**
Réjouis-nous autant de jours que tu nous as humiliés, Autant d'années que nous avons vu le malheur.

**90.16**
Que ton œuvre se manifeste à tes serviteurs, Et ta gloire sur leurs enfants !

**90.17**
Que la grâce de l'Éternel, notre Dieu, soit sur nous ! Affermis l'ouvrage de nos mains, Oui, affermis l'ouvrage de nos mains !

## PSAUME 91

**91.1**
Celui qui demeure sous l'abri du Très-Haut Repose à l'ombre du Tout-Puissant.

**91.2**
Je dis à l'Éternel : Mon refuge et ma forteresse, Mon Dieu en qui je me confie !

**91.3**
Car c'est lui qui te délivre du filet de l'oiseleur, De la peste et de ses ravages.

**91.4**

Il te couvrira de ses plumes, Et tu trouveras un refuge sous ses ailes ; Sa fidélité est un bouclier et une cuirasse.

**91.5**

Tu ne craindras ni les terreurs de la nuit, Ni la flèche qui vole de jour,

**91.6**

Ni la peste qui marche dans les ténèbres, Ni la contagion qui frappe en plein midi.

**91.7**

Que mille tombent à ton côté, Et dix mille à ta droite, Tu ne seras pas atteint ;

**91.8**

De tes yeux seulement tu regarderas, Et tu verras la rétribution des méchants.

**91.9**

Car tu es mon refuge, ô Éternel ! Tu fais du Très-Haut ta retraite.

**91.10**

Aucun malheur ne t'arrivera, Aucun fléau n'approchera de ta tente.

**91.11**

Car il ordonnera à ses anges De te garder dans toutes tes voies ;

**91.12**

Ils te porteront sur les mains, De peur que ton pied ne heurte contre une pierre.

**91.13**

Tu marcheras sur le lion et sur l'aspic, Tu fouleras le lionceau et le dragon.

91.14
Puisqu'il m'aime, je le délivrerai; Je le protégerai, puisqu'il connaît mon nom.

91.15
Il m'invoquera, et je lui répondrai; Je serai avec lui dans la détresse, Je le délivrerai et je le glorifierai.

91.16
Je le rassasierai de longs jours, Et je lui ferai voir mon salut.

## PSAUME 92

92.1
Psaume. Cantique pour le jour du sabbat.

92.2
Il est beau de louer l'Éternel, Et de célébrer ton nom, ô Très-Haut!

92.3
D'annoncer le matin ta bonté, Et ta fidélité pendant les nuits,

92.4
Sur l'instrument à dix cordes et sur le luth, Aux sons de la harpe.

92.5
Tu me réjouis par tes œuvres, ô Éternel! Et je chante avec allégresse l'ouvrage de tes mains.

92.6
Que tes œuvres sont grandes, ô Éternel! Que tes pensées sont profondes!

**92.7**

L'homme stupide n'y connaît rien, Et l'insensé n'y prend point garde.

**92.8**

Si les méchants croissent comme l'herbe, Si tous ceux qui font le mal fleurissent, C'est pour être anéantis à jamais.

**92.9**

Mais toi, tu es le Très-Haut, À perpétuité, ô Éternel!

**92.10**

Car voici, tes ennemis, ô Éternel! Car voici, tes ennemis périssent; Tous ceux qui font le mal sont dispersés.

**92.11**

Et tu me donnes la force du buffle; Je suis arrosé avec une huile fraîche.

**92.12**

Mon œil se plaît à contempler mes ennemis, Et mon oreille à entendre mes méchants adversaires.

**92.13**

Les justes croissent comme le palmier, Ils s'élèvent comme le cèdre du Liban.

**92.14**

Plantés dans la maison de l'Éternel, Ils prospèrent dans les parvis de notre Dieu;

**92.15**

Ils portent encore des fruits dans la vieillesse, Ils sont pleins de sève et verdoyants,

**92.16**

Pour faire connaître que l'Éternel est juste. Il est mon rocher, et il n'y a point en lui d'iniquité.

## PSAUME 93

**93.1**
L'Éternel règne, il est revêtu de majesté, L'Éternel est revêtu, il est ceint de force. Aussi le monde est ferme, il ne chancelle pas.

**93.2**
Ton trône est établi dès les temps anciens; Tu existes de toute éternité.

**93.3**
Les fleuves élèvent, ô Éternel! Les fleuves élèvent leur voix, Les fleuves élèvent leurs ondes retentissantes.

**93.4**
Plus que la voix des grandes, des puissantes eaux, Des flots impétueux de la mer, L'Éternel est puissant dans les lieux célestes.

**93.5**
Tes témoignages sont entièrement véritables; La sainteté convient à ta maison, Ô Éternel! pour toute la durée des temps.

## PSAUME 94

**94.1**
Dieu des vengeances, Éternel! Dieu des vengeances, parais!

**94.2**
Lève-toi, juge de la terre! Rends aux superbes selon leurs œuvres!

**94.3**

Jusques à quand les méchants, ô Éternel! Jusques à quand les méchants triompheront-ils?

**94.4**

Ils discourent, ils parlent avec arrogance; Tous ceux qui font le mal se glorifient.

**94.5**

Éternel! ils écrasent ton peuple, Ils oppriment ton héritage;

**94.6**

Ils égorgent la veuve et l'étranger, Ils assassinent les orphelins.

**94.7**

Et ils disent : L'Éternel ne regarde pas, Le Dieu de Jacob ne fait pas attention!

**94.8**

Prenez-y garde, hommes stupides! Insensés, quand serez-vous sages?

**94.9**

Celui qui a planté l'oreille n'entendrait-il pas? Celui qui a formé l'œil ne verrait-il pas?

**94.10**

Celui qui châtie les nations ne punirait-il point, Lui qui donne à l'homme l'intelligence?

**94.11**

L'Éternel connaît les pensées de l'homme, Il sait qu'elles sont vaines.

**94.12**

Heureux l'homme que tu châties, ô Éternel! Et que tu instruis par ta loi,

**94.13**

Pour le calmer aux jours du malheur, Jusqu'à ce que la fosse soit creusée pour le méchant!

**94.14**

Car l'Éternel ne délaisse pas son peuple, Il n'abandonne pas son héritage;

**94.15**

Car le jugement sera conforme à la justice, Et tous ceux dont le cœur est droit l'approuveront.

**94.16**

Qui se lèvera pour moi contre les méchants? Qui me soutiendra contre ceux qui font le mal?

**94.17**

Si l'Éternel n'était pas mon secours, Mon âme serait bien vite dans la demeure du silence.

**94.18**

Quand je dis : Mon pied chancelle! Ta bonté, ô Éternel! me sert d'appui.

**94.19**

Quand les pensées s'agitent en foule au-dedans de moi, Tes consolations réjouissent mon âme.

**94.20**

Les méchants te feraient-ils siéger sur leur trône, Eux qui forment des desseins iniques en dépit de la loi?

**94.21**

Ils se rassemblent contre la vie du juste, Et ils condamnent le sang innocent.

**94.22**

Mais l'Éternel est ma retraite, Mon Dieu est le rocher de mon refuge.

**94.23**
Il fera retomber sur eux leur iniquité, Il les anéantira par leur méchanceté ; L'Éternel, notre Dieu, les anéantira.

## PSAUME 95

**95.1**
Venez, chantons avec allégresse à l'Éternel ! Poussons des cris de joie vers le rocher de notre salut.

**95.2**
Allons au-devant de lui avec des louanges, Faisons retentir des cantiques en son honneur !

**95.3**
Car l'Éternel est un grand Dieu, Il est un grand roi au-dessus de tous les dieux.

**95.4**
Il tient dans sa main les profondeurs de la terre, Et les sommets des montagnes sont à lui.

**95.5**
La mer est à lui, c'est lui qui l'a faite ; La terre aussi, ses mains l'ont formée.

**95.6**
Venez, prosternons-nous et humilions-nous, Fléchissons le genou devant l'Éternel, notre créateur !

**95.7**
Car il est notre Dieu, Et nous sommes le peuple de son pâturage, Le troupeau que sa main conduit… Oh ! si vous pouviez écouter aujourd'hui sa voix !

**95.8**
N'endurcissez pas votre cœur, comme à Meriba, Comme à la journée de Massa, dans le désert,

**95.9**
Où vos pères me tentèrent, M'éprouvèrent, quoiqu'ils vissent mes œuvres.

**95.10**
Pendant quarante ans j'eus cette race en dégoût, Et je dis : C'est un peuple dont le cœur est égaré ; Ils ne connaissent pas mes voies.

**95.11**
Aussi je jurai dans ma colère : Ils n'entreront pas dans mon repos !

## PSAUME 96

**96.1**
Chantez à l'Éternel un cantique nouveau ! Chantez à l'Éternel, vous tous, habitants de la terre !

**96.2**
Chantez à l'Éternel, bénissez son nom, Annoncez de jour en jour son salut !

**96.3**
Racontez parmi les nations sa gloire, Parmi tous les peuples ses merveilles !

**96.4**
Car l'Éternel est grand et très digne de louange, Il est redoutable par-dessus tous les dieux ;

**96.5**

Car tous les dieux des peuples sont des idoles, Et l'Éternel a fait les cieux.

**96.6**

La splendeur et la magnificence sont devant sa face, La gloire et la majesté sont dans son sanctuaire.

**96.7**

Familles des peuples, rendez à l'Éternel, Rendez à l'Éternel gloire et honneur !

**96.8**

Rendez à l'Éternel gloire pour son nom ! Apportez des offrandes, et entrez dans ses parvis !

**96.9**

Prosternez-vous devant l'Éternel avec des ornements sacrés. Tremblez devant lui, vous tous, habitants de la terre !

**96.10**

Dites parmi les nations : L'Éternel règne ; Aussi le monde est ferme, il ne chancelle pas ; L'Éternel juge les peuples avec droiture.

**96.11**

Que les cieux se réjouissent, et que la terre soit dans l'allégresse, Que la mer retentisse avec tout ce qu'elle contient,

**96.12**

Que la campagne s'égaie avec tout ce qu'elle renferme, Que tous les arbres des forêts poussent des cris de joie,

**96.13**

Devant l'Éternel ! Car il vient, Car il vient pour juger la terre ; Il jugera le monde avec justice, Et les peuples selon sa fidélité.

# PSAUME 97

**97.1**
L'Éternel règne : que la terre soit dans l'allégresse, Que les îles nombreuses se réjouissent!

**97.2**
Les nuages et l'obscurité l'environnent, La justice et l'équité sont la base de son trône.

**97.3**
Le feu marche devant lui, Et embrase à l'entour ses adversaires.

**97.4**
Ses éclairs illuminent le monde, La terre le voit et tremble;

**97.5**
Les montagnes se fondent comme la cire devant l'Éternel, Devant le Seigneur de toute la terre.

**97.6**
Les cieux publient sa justice, Et tous les peuples voient sa gloire.

**97.7**
Ils sont confus, tous ceux qui servent les images, Qui se font gloire des idoles. Tous les dieux se prosternent devant lui.

**97.8**
Sion l'entend et se réjouit, Les filles de Juda sont dans l'allégresse, À cause de tes jugements, ô Éternel!

**97.9**
Car toi, Éternel! tu es le Très-Haut sur toute la terre, Tu es souverainement élevé au-dessus de tous les dieux.

**97.10**
Vous qui aimez l'Éternel, haïssez le mal! Il garde les âmes de ses fidèles, Il les délivre de la main des méchants.

**97.11**
La lumière est semée pour le juste, Et la joie pour ceux dont le cœur est droit.

**97.12**
Justes, réjouissez-vous en l'Éternel, Et célébrez par vos louanges sa sainteté!

## PSAUME 98

**98.1**
Psaume. Chantez à l'Éternel un cantique nouveau! Car il a fait des prodiges. Sa droite et son bras saint lui sont venus en aide.

**98.2**
L'Éternel a manifesté son salut, Il a révélé sa justice aux yeux des nations.

**98.3**
Il s'est souvenu de sa bonté et de sa fidélité envers la maison d'Israël, Toutes les extrémités de la terre ont vu le salut de notre Dieu.

**98.4**
Poussez vers l'Éternel des cris de joie, Vous tous, habitants de la terre! Faites éclater votre allégresse, et chantez!

**98.5**
Chantez à l'Éternel avec la harpe; Avec la harpe chantez des cantiques!

**98.6**
Avec les trompettes et au son du cor, Poussez des cris de joie devant le roi, l'Éternel !

**98.7**
Que la mer retentisse avec tout ce qu'elle contient, Que le monde et ceux qui l'habitent éclatent d'allégresse,

**98.8**
Que les fleuves battent des mains, Que toutes les montagnes poussent des cris de joie,

**98.9**
Devant l'Éternel ! Car il vient pour juger la terre ; Il jugera le monde avec justice, Et les peuples avec équité.

## PSAUME 99

**99.1**
L'Éternel règne : les peuples tremblent ; Il est assis sur les chérubins : la terre chancelle.

**99.2**
L'Éternel est grand dans Sion, Il est élevé au-dessus de tous les peuples.

**99.3**
Qu'on célèbre ton nom grand et redoutable ! Il est saint !

**99.4**
Qu'on célèbre la force du roi qui aime la justice ! Tu affermis la droiture, Tu exerces en Jacob la justice et l'équité.

**99.5**
Exaltez l'Éternel, notre Dieu, Et prosternez-vous devant son marchepied ! Il est saint !

**99.6**
Moïse et Aaron parmi ses sacrificateurs, Et Samuel parmi ceux qui invoquaient son nom, Invoquèrent l'Éternel, et il les exauça.

**99.7**
Il leur parla dans la colonne de nuée ; Ils observèrent ses commandements Et la loi qu'il leur donna.

**99.8**
Éternel, notre Dieu, tu les exauças, Tu fus pour eux un Dieu qui pardonne, Mais tu les as punis de leurs fautes.

**99.9**
Exaltez l'Éternel, notre Dieu, Et prosternez-vous sur sa montagne sainte ! Car il est saint, l'Éternel, notre Dieu !

## PSAUME 100

**100.1**
Psaume de louange. Poussez vers l'Éternel des cris de joie, Vous tous, habitants de la terre !

**100.2**
Servez l'Éternel, avec joie, Venez avec allégresse en sa présence !

**100.3**
Sachez que l'Éternel est Dieu ! C'est lui qui nous a faits, et nous lui appartenons ; Nous sommes son peuple, et le troupeau de son pâturage.

**100.4**
Entrez dans ses portes avec des louanges, Dans ses parvis avec des cantiques ! Célébrez-le, bénissez son nom !

**100.5**
Car l'Éternel est bon; sa bonté dure toujours, Et sa fidélité de génération en génération.

## PSAUME 101

**101.1**
De David. Psaume. Je chanterai la bonté et la justice; C'est à toi, Éternel! que je chanterai.

**101.2**
Je prendrai garde à la voie droite. Quand viendras-tu à moi? Je marcherai dans l'intégrité de mon cœur, Au milieu de ma maison.

**101.3**
Je ne mettrai rien de mauvais devant mes yeux; Je hais la conduite des pécheurs; Elle ne s'attachera point à moi.

**101.4**
Le cœur pervers s'éloignera de moi; Je ne veux pas connaître le méchant.

**101.5**
Celui qui calomnie en secret son prochain, je l'anéantirai; Celui qui a des regards hautains et un cœur enflé, je ne le supporterai pas.

**101.6**
J'aurai les yeux sur les fidèles du pays, Pour qu'ils demeurent auprès de moi; Celui qui marche dans une voie intègre sera mon serviteur.

**101.7**

Celui qui se livre à la fraude n'habitera pas dans ma maison ; Celui qui dit des mensonges ne subsistera pas en ma présence.

**101.8**

Chaque matin j'anéantirai tous les méchants du pays, Afin d'exterminer de la ville de l'Éternel Tous ceux qui commettent l'iniquité.

## PSAUME 102

**102.1**

Prière d'un malheureux, lorsqu'il est abattu et qu'il répand sa plainte devant l'Éternel.

**102.2**

Éternel, écoute ma prière, Et que mon cri parvienne jusqu'à toi !

**102.3**

Ne me cache pas ta face au jour de ma détresse ! Incline vers moi ton oreille quand je crie ! Hâte-toi de m'exaucer !

**102.4**

Car mes jours s'évanouissent en fumée, Et mes os sont enflammés comme un tison.

**102.5**

Mon cœur est frappé et se dessèche comme l'herbe ; J'oublie même de manger mon pain.

**102.6**

Mes gémissements sont tels Que mes os s'attachent à ma chair.

**102.7**
Je ressemble au pélican du désert, Je suis comme le chat-huant des ruines ;

**102.8**
Je n'ai plus de sommeil, et je suis Comme l'oiseau solitaire sur un toit.

**102.9**
Chaque jour mes ennemis m'outragent, Et c'est par moi que jurent mes adversaires en fureur.

**102.10**
Je mange la poussière au lieu de pain, Et je mêle des larmes à ma boisson,

**102.11**
À cause de ta colère et de ta fureur ; Car tu m'as soulevé et jeté au loin.

**102.12**
Mes jours sont comme l'ombre à son déclin, Et je me dessèche comme l'herbe.

**102.13**
Mais toi, Éternel ! tu règnes à perpétuité, Et ta mémoire dure de génération en génération.

**102.14**
Tu te lèveras, tu auras pitié de Sion ; Car le temps d'avoir pitié d'elle, Le temps fixé est à son terme ;

**102.15**
Car tes serviteurs en aiment les pierres, Ils en chérissent la poussière.

**102.16**
Alors les nations craindront le nom de l'Éternel, Et tous les rois de la terre ta gloire.

**102.17**
Oui, l'Éternel rebâtira Sion, Il se montrera dans sa gloire.

**102.18**
Il est attentif à la prière du misérable, Il ne dédaigne pas sa prière.

**102.19**
Que cela soit écrit pour la génération future, Et que le peuple qui sera créé célèbre l'Éternel!

**102.20**
Car il regarde du lieu élevé de sa sainteté ; Du haut des cieux l'Éternel regarde sur la terre,

**102.21**
Pour écouter les gémissements des captifs, Pour délivrer ceux qui vont périr,

**102.22**
Afin qu'ils publient dans Sion le nom de l'Éternel, Et ses louanges dans Jérusalem,

**102.23**
Quand tous les peuples s'assembleront, Et tous les royaumes, pour servir l'Éternel.

**102.24**
Il a brisé ma force dans la route, Il a abrégé mes jours.

**102.25**
Je dis : Mon Dieu, ne m'enlève pas au milieu de mes jours, Toi, dont les années durent éternellement!

**102.26**
Tu as anciennement fondé la terre, Et les cieux sont l'ouvrage de tes mains.

**102.27**
Ils périront, mais tu subsisteras; Ils s'useront tous comme un vêtement; Tu les changeras comme un habit, et ils seront changés.

**102.28**
Mais toi, tu restes le même, Et tes années ne finiront point.

**102.29**
Les fils de tes serviteurs habiteront leur pays, Et leur postérité s'affermira devant toi.

## PSAUME 103

**103.1**
De David. Mon âme, bénis l'Éternel! Que tout ce qui est en moi bénisse son saint nom!

**103.2**
Mon âme, bénis l'Éternel, Et n'oublie aucun de ses bienfaits!

**103.3**
C'est lui qui pardonne toutes tes iniquités, Qui guérit toutes tes maladies;

**103.4**
C'est lui qui délivre ta vie de la fosse, Qui te couronne de bonté et de miséricorde;

**103.5**
C'est lui qui rassasie de biens ta vieillesse, Qui te fait rajeunir comme l'aigle.

**103.6**
L'Éternel fait justice, Il fait droit à tous les opprimés.

**103.7**
Il a manifesté ses voies à Moïse, Ses œuvres aux enfants d'Israël.

**103.8**
L'Éternel est miséricordieux et compatissant, Lent à la colère et riche en bonté;

**103.9**
Il ne conteste pas sans cesse, Il ne garde pas sa colère à toujours;

**103.10**
Il ne nous traite pas selon nos péchés, Il ne nous punit pas selon nos iniquités.

**103.11**
Mais autant les cieux sont élevés au-dessus de la terre, Autant sa bonté est grande pour ceux qui le craignent;

**103.12**
Autant l'orient est éloigné de l'occident, Autant il éloigne de nous nos transgressions.

**103.13**
Comme un père a compassion de ses enfants, L'Éternel a compassion de ceux qui le craignent.

**103.14**
Car il sait de quoi nous sommes formés, Il se souvient que nous sommes poussière.

**103.15**
L'homme! ses jours sont comme l'herbe, Il fleurit comme la fleur des champs.

**103.16**
Lorsqu'un vent passe sur elle, elle n'est plus, Et le lieu qu'elle occupait ne la reconnaît plus.

**103.17**
Mais la bonté de l'Éternel dure à jamais pour ceux qui le craignent, Et sa miséricorde pour les enfants de leurs enfants,

**103.18**
Pour ceux qui gardent son alliance, Et se souviennent de ses commandements afin de les accomplir.

**103.19**
L'Éternel a établi son trône dans les cieux, Et son règne domine sur toutes choses.

**103.20**
Bénissez l'Éternel, vous ses anges, Qui êtes puissants en force, et qui exécutez ses ordres, En obéissant à la voix de sa parole !

**103.21**
Bénissez l'Éternel, vous toutes ses armées, Qui êtes ses serviteurs, et qui faites sa volonté !

**103.22**
Bénissez l'Éternel, vous toutes ses œuvres, Dans tous les lieux de sa domination ! Mon âme, bénis l'Éternel !

## PSAUME 104

**104.1**
Mon âme, bénis l'Éternel ! Éternel, mon Dieu, tu es infiniment grand ! Tu es revêtu d'éclat et de magnificence !

**104.2**
Il s'enveloppe de lumière comme d'un manteau ; Il étend les cieux comme un pavillon.

**104.3**
Il forme avec les eaux le faîte de sa demeure ; Il prend les nuées pour son char, Il s'avance sur les ailes du vent.

**104.4**
Il fait des vents ses messagers, Des flammes de feu ses serviteurs.

**104.5**
Il a établi la terre sur ses fondements, Elle ne sera jamais ébranlée.

**104.6**
Tu l'avais couverte de l'abîme comme d'un vêtement, Les eaux s'arrêtaient sur les montagnes ;

**104.7**
Elles ont fui devant ta menace, Elles se sont précipitées à la voix de ton tonnerre.

**104.8**
Des montagnes se sont élevées, des vallées se sont abaissées, Au lieu que tu leur avais fixé.

**104.9**
Tu as posé une limite que les eaux ne doivent point franchir, Afin qu'elles ne reviennent plus couvrir la terre.

**104.10**
Il conduit les sources dans des torrents Qui coulent entre les montagnes.

**104.11**
Elles abreuvent tous les animaux des champs ; Les ânes sauvages y étanchent leur soif.

**104.12**
Les oiseaux du ciel habitent sur leurs bords, Et font résonner leur voix parmi les rameaux.

**104.13**
De sa haute demeure, il arrose les montagnes; La terre est rassasiée du fruit de tes œuvres.

**104.14**
Il fait germer l'herbe pour le bétail, Et les plantes pour les besoins de l'homme, Afin que la terre produise de la nourriture,

**104.15**
Le vin qui réjouit le cœur de l'homme, Et fait plus que l'huile resplendir son visage, Et le pain qui soutient le cœur de l'homme.

**104.16**
Les arbres de l'Éternel se rassasient, Les cèdres du Liban, qu'il a plantés.

**104.17**
C'est là que les oiseaux font leurs nids; La cigogne a sa demeure dans les cyprès,

**104.18**
Les montagnes élevées sont pour les boucs sauvages, Les rochers servent de retraite aux damans.

**104.19**
Il a fait la lune pour marquer les temps; Le soleil sait quand il doit se coucher.

**104.20**
Tu amènes les ténèbres, et il est nuit : Alors tous les animaux des forêts sont en mouvement;

**104.21**
Les lionceaux rugissent après la proie, Et demandent à Dieu leur nourriture.

**104.22**
Le soleil se lève : ils se retirent, Et se couchent dans leurs tanières.

**104.23**
L'homme sort pour se rendre à son ouvrage, Et à son travail, jusqu'au soir.

**104.24**
Que tes œuvres sont en grand nombre, ô Éternel! Tu les as toutes faites avec sagesse. La terre est remplie de tes biens.

**104.25**
Voici la grande et vaste mer : Là se meuvent sans nombre Des animaux petits et grands;

**104.26**
Là se promènent les navires, Et ce léviathan que tu as formé pour se jouer dans les flots.

**104.27**
Tous ces animaux espèrent en toi, Pour que tu leur donnes la nourriture en son temps.

**104.28**
Tu la leur donnes, et ils la recueillent; Tu ouvres ta main, et ils se rassasient de biens.

**104.29**
Tu caches ta face : ils sont tremblants; Tu leur retires le souffle : ils expirent, Et retournent dans leur poussière.

**104.30**
Tu envoies ton souffle : ils sont créés, Et tu renouvelles la face de la terre.

**104.31**
Que la gloire de l'Éternel subsiste à jamais! Que l'Éternel se réjouisse de ses œuvres!

**104.32**
Il regarde la terre, et elle tremble ; Il touche les montagnes, et elles sont fumantes.

**104.33**
Je chanterai l'Éternel tant que je vivrai, Je célébrerai mon Dieu tant que j'existerai.

**104.34**
Que mes paroles lui soient agréables ! Je veux me réjouir en l'Éternel.

**104.35**
Que les pécheurs disparaissent de la terre, Et que les méchants ne soient plus ! Mon âme, bénis l'Éternel ! Louez l'Éternel !

## Psaume 105

**105.1**
Louez l'Éternel, invoquez son nom ! Faites connaître parmi les peuples ses hauts faits !

**105.2**
Chantez, chantez en son honneur ! Parlez de toutes ses merveilles !

**105.3**
Glorifiez-vous de son saint nom ! Que le cœur de ceux qui cherchent l'Éternel se réjouisse !

**105.4**
Ayez recours à l'Éternel et à son appui, Cherchez continuellement sa face !

**105.5**

Souvenez-vous des prodiges qu'il a faits, De ses miracles et des jugements de sa bouche,

**105.6**

Postérité d'Abraham, son serviteur, Enfants de Jacob, ses élus !

**105.7**

L'Éternel est notre Dieu ; Ses jugements s'exercent sur toute la terre.

**105.8**

Il se rappelle à toujours son alliance, Ses promesses pour mille générations,

**105.9**

L'alliance qu'il a traitée avec Abraham, Et le serment qu'il a fait à Isaac ;

**105.10**

Il l'a érigée pour Jacob en loi, Pour Israël en alliance éternelle,

**105.11**

Disant : Je te donnerai le pays de Canaan Comme héritage qui vous est échu.

**105.12**

Ils étaient alors peu nombreux, Très peu nombreux, et étrangers dans le pays,

**105.13**

Et ils allaient d'une nation à l'autre Et d'un royaume vers un autre peuple ;

**105.14**

Mais il ne permit à personne de les opprimer, Et il châtia des rois à cause d'eux :

**105.15**
Ne touchez pas à mes oints, Et ne faites pas de mal à mes prophètes !

**105.16**
Il appela sur le pays la famine, Il coupa tout moyen de subsistance.

**105.17**
Il envoya devant eux un homme : Joseph fut vendu comme esclave.

**105.18**
On serra ses pieds dans des liens, On le mit aux fers,

**105.19**
Jusqu'au temps où arriva ce qu'il avait annoncé, Et où la parole de l'Éternel l'éprouva.

**105.20**
Le roi fit ôter ses liens, Le dominateur des peuples le délivra.

**105.21**
Il l'établit seigneur sur sa maison, Et gouverneur de tous ses biens,

**105.22**
Afin qu'il pût à son gré enchaîner ses princes, Et qu'il enseignât la sagesse à ses anciens.

**105.23**
Alors Israël vint en Égypte, Et Jacob séjourna dans le pays de Cham.

**105.24**
Il rendit son peuple très fécond, Et plus puissant que ses adversaires.

105.25
Il changea leur cœur, au point qu'ils haïrent son peuple Et qu'ils traitèrent ses serviteurs avec perfidie.

105.26
Il envoya Moïse, son serviteur, Et Aaron, qu'il avait choisi.

105.27
Ils accomplirent par son pouvoir des prodiges au milieu d'eux, Ils firent des miracles dans le pays de Cham.

105.28
Il envoya des ténèbres et amena l'obscurité, Et ils ne furent pas rebelles à sa parole.

105.29
Il changea leurs eaux en sang, Et fit périr leurs poissons.

105.30
Le pays fourmilla de grenouilles, Jusque dans les chambres de leurs rois.

105.31
Il dit, et parurent les mouches venimeuses, Les poux sur tout leur territoire.

105.32
Il leur donna pour pluie de la grêle, Des flammes de feu dans leur pays.

105.33
Il frappa leurs vignes et leurs figuiers, Et brisa les arbres de leur contrée.

105.34
Il dit, et parurent les sauterelles, Des sauterelles sans nombre,

**105.35**
Qui dévorèrent toute l'herbe du pays, Qui dévorèrent les fruits de leurs champs.

**105.36**
Il frappa tous les premiers-nés dans leur pays, Toutes les prémices de leur force.

**105.37**
Il fit sortir son peuple avec de l'argent et de l'or, Et nul ne chancela parmi ses tribus.

**105.38**
Les Égyptiens se réjouirent de leur départ, Car la terreur qu'ils avaient d'eux les saisissait.

**105.39**
Il étendit la nuée pour les couvrir, Et le feu pour éclairer la nuit.

**105.40**
À leur demande, il fit venir des cailles, Et il les rassasia du pain du ciel.

**105.41**
Il ouvrit le rocher, et des eaux coulèrent ; Elles se répandirent comme un fleuve dans les lieux arides.

**105.42**
Car il se souvint de sa parole sainte, Et d'Abraham, son serviteur.

**105.43**
Il fit sortir son peuple dans l'allégresse, Ses élus au milieu des cris de joie.

**105.44**
Il leur donna les terres des nations, Et ils possédèrent le fruit du travail des peuples,

105.45
Afin qu'ils gardassent ses ordonnances, Et qu'ils observassent ses lois. Louez l'Éternel !

## PSAUME 106

106.1
Louez l'Éternel ! Louez l'Éternel, car il est bon, Car sa miséricorde dure à toujours !

106.2
Qui dira les hauts faits de l'Éternel ? Qui publiera toute sa louange ?

106.3
Heureux ceux qui observent la loi, Qui pratiquent la justice en tout temps !

106.4
Éternel, souviens-toi de moi dans ta bienveillance pour ton peuple ! Souviens-toi de moi en lui accordant ton secours,

106.5
Afin que je voie le bonheur de tes élus, Que je me réjouisse de la joie de ton peuple, Et que je me glorifie avec ton héritage !

106.6
Nous avons péché comme nos pères, Nous avons commis l'iniquité, nous avons fait le mal.

106.7
Nos pères en Égypte ne furent pas attentifs à tes miracles, Ils ne se rappelèrent pas la multitude de tes grâces, Ils furent rebelles près de la mer, près de la mer Rouge.

**106.8**
Mais il les sauva à cause de son nom, Pour manifester sa puissance.

**106.9**
Il menaça la mer Rouge, et elle se dessécha; Et il les fit marcher à travers les abîmes comme dans un désert.

**106.10**
Il les sauva de la main de celui qui les haïssait, Il les délivra de la main de l'ennemi.

**106.11**
Les eaux couvrirent leurs adversaires : Il n'en resta pas un seul.

**106.12**
Et ils crurent à ses paroles, Ils chantèrent ses louanges.

**106.13**
Mais ils oublièrent bientôt ses œuvres, Ils n'attendirent pas l'exécution de ses desseins.

**106.14**
Ils furent saisis de convoitise dans le désert, Et ils tentèrent Dieu dans la solitude.

**106.15**
Il leur accorda ce qu'ils demandaient; Puis il envoya le dépérissement dans leur corps.

**106.16**
Ils se montrèrent, dans le camp, jaloux contre Moïse, Contre Aaron, le saint de l'Éternel.

**106.17**
La terre s'ouvrit et engloutit Dathan, Et elle se referma sur la troupe d'Abiram;

**106.18**
Le feu embrasa leur troupe, La flamme consuma les méchants.

**106.19**
Ils firent un veau en Horeb, Ils se prosternèrent devant une image de fonte,

**106.20**
Ils échangèrent leur gloire Contre la figure d'un bœuf qui mange l'herbe.

**106.21**
Ils oublièrent Dieu, leur sauveur, Qui avait fait de grandes choses en Égypte,

**106.22**
Des miracles dans le pays de Cham, Des prodiges sur la mer Rouge.

**106.23**
Et il parla de les exterminer; Mais Moïse, son élu, se tint à la brèche devant lui, Pour détourner sa fureur et l'empêcher de les détruire.

**106.24**
Ils méprisèrent le pays des délices; Ils ne crurent pas à la parole de l'Éternel,

**106.25**
Ils murmurèrent dans leurs tentes, Ils n'obéirent point à sa voix.

**106.26**
Et il leva la main pour jurer De les faire tomber dans le désert,

**106.27**
De faire tomber leur postérité parmi les nations, Et de les disperser au milieu des pays.

**106.28**
Ils s'attachèrent à Baal-Peor, Et mangèrent des victimes sacrifiées aux morts.

**106.29**
Ils irritèrent l'Éternel par leurs actions, Et une plaie fit irruption parmi eux.

**106.30**
Phinées se leva pour intervenir, Et la plaie s'arrêta ;

**106.31**
Cela lui fut imputé à justice, De génération en génération pour toujours.

**106.32**
Ils irritèrent l'Éternel près des eaux de Meriba ; Et Moïse fut puni à cause d'eux,

**106.33**
Car ils aigrirent son esprit, Et il s'exprima légèrement des lèvres.

**106.34**
Ils ne détruisirent point les peuples Que l'Éternel leur avait ordonné de détruire.

**106.35**
Ils se mêlèrent avec les nations, Et ils apprirent leurs œuvres.

**106.36**
Ils servirent leurs idoles, Qui furent pour eux un piège ;

**106.37**
Ils sacrifièrent leurs fils Et leurs filles aux idoles,

**106.38**
Ils répandirent le sang innocent, Le sang de leurs fils et de leurs filles, Qu'ils sacrifièrent aux idoles de Canaan, Et le pays fut profané par des meurtres.

**106.39**
Ils se souillèrent par leurs œuvres, Ils se prostituèrent par leurs actions.

**106.40**
La colère de l'Éternel s'enflamma contre son peuple, Et il prit en horreur son héritage.

**106.41**
Il les livra entre les mains des nations; Ceux qui les haïssaient dominèrent sur eux;

**106.42**
Leurs ennemis les opprimèrent, Et ils furent humiliés sous leur puissance.

**106.43**
Plusieurs fois il les délivra; Mais ils se montrèrent rebelles dans leurs desseins, Et ils devinrent malheureux par leur iniquité.

**106.44**
Il vit leur détresse, Lorsqu'il entendit leurs supplications.

**106.45**
Il se souvint en leur faveur de son alliance;

**106.46**
Il eut pitié selon sa grande bonté, Et il excita pour eux la compassion De tous ceux qui les retenaient captifs.

**106.47**
Sauve-nous, Éternel, notre Dieu! Et rassemble-nous du milieu des nations, Afin que nous célébrions ton saint nom, Et que nous mettions notre gloire à te louer!

**106.48**
Béni soit l'Éternel, le Dieu d'Israël, d'éternité en éternité! Et que tout le peuple dise : Amen! Louez l'Éternel!

## PSAUME 107

**107.1**
Louez l'Éternel, car il est bon, Car sa miséricorde dure à toujours!

**107.2**
Qu'ainsi disent les rachetés de l'Éternel, Ceux qu'il a délivrés de la main de l'ennemi,

**107.3**
Et qu'il a rassemblés de tous les pays, De l'orient et de l'occident, du nord et de la mer!

**107.4**
Ils erraient dans le désert, ils marchaient dans la solitude, Sans trouver une ville où ils pussent habiter.

**107.5**
Ils souffraient de la faim et de la soif; Leur âme était languissante.

**107.6**
Dans leur détresse, ils crièrent à l'Éternel, Et il les délivra de leurs angoisses;

**107.7**
Il les conduisit par le droit chemin, Pour qu'ils arrivassent dans une ville habitable.

**107.8**
Qu'ils louent l'Éternel pour sa bonté, Et pour ses merveilles en faveur des fils de l'homme!

**107.9**
Car il a satisfait l'âme altérée, Il a comblé de biens l'âme affamée.

**107.10**
Ceux qui avaient pour demeure les ténèbres et l'ombre de la mort Vivaient captifs dans la misère et dans les chaînes,

**107.11**
Parce qu'ils s'étaient révoltés contre les paroles de Dieu, Parce qu'ils avaient méprisé le conseil du Très-Haut.

**107.12**
Il humilia leur cœur par la souffrance; Ils succombèrent, et personne ne les secourut.

**107.13**
Dans leur détresse, ils crièrent à l'Éternel, Et il les délivra de leurs angoisses;

**107.14**
Il les fit sortir des ténèbres et de l'ombre de la mort, Et il rompit leurs liens.

**107.15**
Qu'ils louent l'Éternel pour sa bonté, Et pour ses merveilles en faveur des fils de l'homme!

**107.16**
Car il a brisé les portes d'airain, Il a rompu les verrous de fer.

**107.17**
Les insensés, par leur conduite coupable Et par leurs iniquités, s'étaient rendus malheureux.

**107.18**
Leur âme avait en horreur toute nourriture, Et ils touchaient aux portes de la mort.

**107.19**
Dans leur détresse, ils crièrent à l'Éternel, Et il les délivra de leurs angoisses ;

**107.20**
Il envoya sa parole et les guérit, Il les fit échapper de la fosse.

**107.21**
Qu'ils louent l'Éternel pour sa bonté, Et pour ses merveilles en faveur des fils de l'homme !

**107.22**
Qu'ils offrent des sacrifices d'actions de grâces, Et qu'ils publient ses œuvres avec des cris de joie !

**107.23**
Ceux qui étaient descendus sur la mer dans des navires, Et qui travaillaient sur les grandes eaux,

**107.24**
Ceux-là virent les œuvres de l'Éternel Et ses merveilles au milieu de l'abîme.

**107.25**
Il dit, et il fit souffler la tempête, Qui souleva les flots de la mer.

**107.26**
Ils montaient vers les cieux, ils descendaient dans l'abîme ; Leur âme était éperdue en face du danger ;

**107.27**
Saisis de vertige, ils chancelaient comme un homme ivre. Et toute leur habileté était anéantie.

**107.28**
Dans leur détresse, ils crièrent à l'Éternel, Et il les délivra de leurs angoisses ;

**107.29**
Il arrêta la tempête, ramena le calme, Et les ondes se turent.

**107.30**
Ils se réjouirent de ce qu'elles s'étaient apaisées, Et l'Éternel les conduisit au port désiré.

**107.31**
Qu'ils louent l'Éternel pour sa bonté, Et pour ses merveilles en faveur des fils de l'homme !

**107.32**
Qu'ils l'exaltent dans l'assemblée du peuple, Et qu'ils le célèbrent dans la réunion des anciens !

**107.33**
Il change les fleuves en désert, Et les sources d'eaux en terre desséchée,

**107.34**
Le pays fertile en pays salé, À cause de la méchanceté de ses habitants.

**107.35**
Il change le désert en étang, Et la terre aride en sources d'eaux,

**107.36**
Et il y établit ceux qui sont affamés. Ils fondent une ville pour l'habiter ;

**107.37**
Ils ensemencent des champs, plantent des vignes, Et ils en recueillent les produits.

**107.38**
Il les bénit, et ils deviennent très nombreux, Et il ne diminue point leur bétail.

**107.39**
Sont-ils amoindris et humiliés Par l'oppression, le malheur et la souffrance ;

**107.40**
Verse-t-il le mépris sur les grands, Les fait-il errer dans des déserts sans chemin,

**107.41**
Il relève l'indigent et le délivre de la misère, Il multiplie les familles comme des troupeaux.

**107.42**
Les hommes droits le voient et se réjouissent, Mais toute iniquité ferme la bouche.

**107.43**
Que celui qui est sage prenne garde à ces choses, Et qu'il soit attentif aux bontés de l'Éternel.

## PSAUME 108

**108.1**
Cantique. Psaume de David.

**108.2**
Mon cœur est affermi, ô Dieu ! Je chanterai, je ferai retentir mes instruments : c'est ma gloire !

**108.3**
Réveillez-vous, mon luth et ma harpe ! Je réveillerai l'aurore.

**108.4**
Je te louerai parmi les peuples, Éternel ! Je te chanterai parmi les nations.

**108.5**
Car ta bonté s'élève au-dessus des cieux, Et ta fidélité jusqu'aux nues.

**108.6**
Élève-toi sur les cieux, ô Dieu ! Et que ta gloire soit sur toute la terre !

**108.7**
Afin que tes bien-aimés soient délivrés, Sauve par ta droite, et exauce-nous !

**108.8**
Dieu a dit dans sa sainteté : Je triompherai, Je partagerai Sichem, je mesurerai la vallée de Succoth ;

**108.9**
À moi Galaad, à moi Manassé ; Éphraïm est le rempart de ma tête, Et Juda, mon sceptre ;

**108.10**
Moab est le bassin où je me lave ; Je jette mon soulier sur Édom ; Je pousse des cris de joie sur le pays des Philistins !

**108.11**
Qui me mènera dans la ville forte ? Qui me conduit à Édom ?

**108.12**
N'est-ce pas toi, ô Dieu, qui nous as repoussés, Et qui ne sortais plus, ô Dieu, avec nos armées ?

**108.13**
Donne-nous du secours contre la détresse! Le secours de l'homme n'est que vanité.

**108.14**
Avec Dieu, nous ferons des exploits; Il écrasera nos ennemis.

## PSAUME 109

**109.1**
Au chef des chantres. De David. Psaume. Dieu de ma louange, ne te tais point!

**109.2**
Car ils ouvrent contre moi une bouche méchante et trompeuse, Ils me parlent avec une langue mensongère,

**109.3**
Ils m'environnent de discours haineux Et ils me font la guerre sans cause.

**109.4**
Tandis que je les aime, ils sont mes adversaires; Mais moi je recours à la prière.

**109.5**
Ils me rendent le mal pour le bien, Et de la haine pour mon amour.

**109.6**
Place-le sous l'autorité d'un méchant, Et qu'un accusateur se tienne à sa droite!

**109.7**
Quand on le jugera, qu'il soit déclaré coupable, Et que sa prière passe pour un péché!

**109.8**

Que ses jours soient peu nombreux, Qu'un autre prenne sa charge !

**109.9**

Que ses enfants deviennent orphelins, Et sa femme veuve !

**109.10**

Que ses enfants soient vagabonds et qu'ils mendient, Qu'ils cherchent du pain loin de leur demeure en ruines !

**109.11**

Que le créancier s'empare de tout ce qui est à lui, Et que les étrangers pillent le fruit de son travail !

**109.12**

Que nul ne conserve pour lui de l'affection, Et que personne n'ait pitié de ses orphelins !

**109.13**

Que ses descendants soient exterminés, Et que leur nom s'éteigne dans la génération suivante !

**109.14**

Que l'iniquité de ses pères reste en souvenir devant l'Éternel, Et que le péché de sa mère ne soit point effacé !

**109.15**

Qu'ils soient toujours présents devant l'Éternel, Et qu'il retranche de la terre leur mémoire,

**109.16**

Parce qu'il ne s'est pas souvenu d'exercer la miséricorde, Parce qu'il a persécuté le malheureux et l'indigent, Jusqu'à faire mourir l'homme au cœur brisé !

**109.17**

Il aimait la malédiction : qu'elle tombe sur lui ! Il ne se plaisait pas à la bénédiction : qu'elle s'éloigne de lui !

**109.18**

Qu'il revête la malédiction comme son vêtement, Qu'elle pénètre comme de l'eau dans son intérieur, Comme de l'huile dans ses os !

**109.19**

Qu'elle lui serve de vêtement pour se couvrir, De ceinture dont il soit toujours ceint !

**109.20**

Tel soit, de la part de l'Éternel, le salaire de mes ennemis, Et de ceux qui parlent méchamment de moi !

**109.21**

Et toi, Éternel, Seigneur ! agis en ma faveur à cause de ton nom, Car ta bonté est grande ; délivre-moi !

**109.22**

Je suis malheureux et indigent, Et mon cœur est blessé au-dedans de moi.

**109.23**

Je m'en vais comme l'ombre à son déclin, Je suis chassé comme la sauterelle.

**109.24**

Mes genoux sont affaiblis par le jeûne, Et mon corps est épuisé de maigreur.

**109.25**

Je suis pour eux un objet d'opprobre ; Ils me regardent, et secouent la tête.

**109.26**
Secours-moi, Éternel, mon Dieu ! Sauve-moi par ta bonté !

**109.27**
Et qu'ils sachent que c'est ta main, Que c'est toi, Éternel, qui l'as fait !

**109.28**
S'ils maudissent, toi tu béniras ; S'ils se lèvent, ils seront confus, Et ton serviteur se réjouira.

**109.29**
Que mes adversaires revêtent l'ignominie, Qu'ils se couvrent de leur honte comme d'un manteau !

**109.30**
Je louerai de ma bouche hautement l'Éternel, Je le célébrerai au milieu de la multitude ;

**109.31**
Car il se tient à la droite du pauvre, Pour le délivrer de ceux qui le condamnent.

## PSAUME 110

**110.1**
De David. Psaume. Parole de l'Éternel à mon Seigneur : Assieds-toi à ma droite, Jusqu'à ce que je fasse de tes ennemis ton marchepied.

**110.2**
L'Éternel étendra de Sion le sceptre de ta puissance : Domine au milieu de tes ennemis !

**110.3**
Ton peuple est plein d'ardeur, quand tu rassembles ton armée; Avec des ornements sacrés, du sein de l'aurore Ta jeunesse vient à toi comme une rosée.

**110.4**
L'Éternel l'a juré, et il ne s'en repentira point : Tu es sacrificateur pour toujours, À la manière de Melchisédek.

**110.5**
Le Seigneur, à ta droite, Brise des rois au jour de sa colère.

**110.6**
Il exerce la justice parmi les nations : tout est plein de cadavres; Il brise des têtes sur toute l'étendue du pays.

**110.7**
Il boit au torrent pendant la marche : C'est pourquoi il relève la tête.

## PSAUME 111

**111.1**
Louez l'Éternel! Je louerai l'Éternel de tout mon cœur, Dans la réunion des hommes droits et dans l'assemblée.

**111.2**
Les œuvres de l'Éternel sont grandes, Recherchées par tous ceux qui les aiment.

**111.3**
Son œuvre n'est que splendeur et magnificence, Et sa justice subsiste à jamais.

**111.4**

Il a laissé la mémoire de ses prodiges, L'Éternel est miséricordieux et compatissant.

**111.5**

Il a donné de la nourriture à ceux qui le craignent; Il se souvient toujours de son alliance.

**111.6**

Il a manifesté à son peuple la puissance de ses œuvres, En lui livrant l'héritage des nations.

**111.7**

Les œuvres de ses mains sont fidélité et justice; Toutes ses ordonnances sont véritables,

**111.8**

Affermies pour l'éternité, Faites avec fidélité et droiture.

**111.9**

Il a envoyé la délivrance à son peuple, Il a établi pour toujours son alliance; Son nom est saint et redoutable.

**111.10**

La crainte de l'Éternel est le commencement de la sagesse; Tous ceux qui l'observent ont une raison saine. Sa gloire subsiste à jamais.

## PSAUME 112

**112.1**

Louez l'Éternel! Heureux l'homme qui craint l'Éternel, Qui trouve un grand plaisir à ses commandements.

**112.2**

Sa postérité sera puissante sur la terre, La génération des hommes droits sera bénie.

**112.3**
Il a dans sa maison bien-être et richesse, Et sa justice subsiste à jamais.

**112.4**
La lumière se lève dans les ténèbres pour les hommes droits, Pour celui qui est miséricordieux, compatissant et juste.

**112.5**
Heureux l'homme qui exerce la miséricorde et qui prête. Qui règle ses actions d'après la justice.

**112.6**
Car il ne chancelle jamais; La mémoire du juste dure toujours.

**112.7**
Il ne craint point les mauvaises nouvelles; Son cœur est ferme, confiant en l'Éternel.

**112.8**
Son cœur est affermi; il n'a point de crainte, Jusqu'à ce qu'il mette son plaisir à regarder ses adversaires.

**112.9**
Il fait des largesses, il donne aux indigents; Sa justice subsiste à jamais; Sa tête s'élève avec gloire,

**112.10**
Le méchant le voit et s'irrite, Il grince les dents et se consume; Les désirs des méchants périssent.

## PSAUME 113

**113.1**
Louez l'Éternel! Serviteurs de l'Éternel, louez, Louez le nom de l'Éternel!

**113.2**
Que le nom de l'Éternel soit béni, Dès maintenant et à jamais!

**113.3**
Du lever du soleil jusqu'à son couchant, Que le nom de l'Éternel soit célébré!

**113.4**
L'Éternel est élevé au-dessus de toutes les nations, Sa gloire est au-dessus des cieux.

**113.5**
Qui est semblable à l'Éternel, notre Dieu? Il a sa demeure en haut;

**113.6**
Il abaisse les regards Sur les cieux et sur la terre.

**113.7**
De la poussière il retire le pauvre, Du fumier il relève l'indigent,

**113.8**
Pour les faire asseoir avec les grands, Avec les grands de son peuple.

**113.9**
Il donne une maison à celle qui était stérile, Il en fait une mère joyeuse au milieu de ses enfants. Louez l'Éternel!

## PSAUME 114

**114.1**
Quand Israël sortit d'Égypte, Quand la maison de Jacob s'éloigna d'un peuple barbare,

**114.2**
Juda devint son sanctuaire, Israël fut son domaine.

**114.3**
La mer le vit et s'enfuit, Le Jourdain retourna en arrière ;

**114.4**
Les montagnes sautèrent comme des béliers, Les collines comme des agneaux.

**114.5**
Qu'as-tu, mer, pour t'enfuir, Jourdain, pour retourner en arrière ?

**114.6**
Qu'avez-vous, montagnes, pour sauter comme des béliers, Et vous, collines, comme des agneaux ?

**114.7**
Tremble devant le Seigneur, ô terre ! Devant le Dieu de Jacob,

**114.8**
Qui change le rocher en étang, Le roc en source d'eaux.

## PSAUME 115

**115.1**
Non pas à nous, Éternel, non pas à nous, Mais à ton nom donne gloire, À cause de ta bonté, à cause de ta fidélité !

**115.2**
Pourquoi les nations diraient-elles : Où donc est leur Dieu ?

**115.3**
Notre Dieu est au ciel, Il fait tout ce qu'il veut.

**115.4**
Leurs idoles sont de l'argent et de l'or, Elles sont l'ouvrage de la main des hommes.

**115.5**
Elles ont une bouche et ne parlent point, Elles ont des yeux et ne voient point,

**115.6**
Elles ont des oreilles et n'entendent point, Elles ont un nez et ne sentent point,

**115.7**
Elles ont des mains et ne touchent point, Des pieds et ne marchent point, Elles ne produisent aucun son dans leur gosier.

**115.8**
Ils leur ressemblent, ceux qui les fabriquent, Tous ceux qui se confient en elles.

**115.9**
Israël, confie-toi en l'Éternel ! Il est leur secours et leur bouclier.

**115.10**
Maison d'Aaron, confie-toi en l'Éternel ! Il est leur secours et leur bouclier.

**115.11**
Vous qui craignez l'Éternel, confiez-vous en l'Éternel ! Il est leur secours et leur bouclier.

**115.12**
L'Éternel se souvient de nous : il bénira, Il bénira la maison d'Israël, Il bénira la maison d'Aaron,

**115.13**
Il bénira ceux qui craignent l'Éternel, les petits et les grands ;

**115.14**
L'Éternel vous multipliera ses faveurs, À vous et à vos enfants.

**115.15**
Soyez bénis par l'Éternel, Qui a fait les cieux et la terre !

**115.16**
Les cieux sont les cieux de l'Éternel, Mais il a donné la terre aux fils de l'homme.

**115.17**
Ce ne sont pas les morts qui célèbrent l'Éternel, Ce n'est aucun de ceux qui descendent dans le lieu du silence ;

**115.18**
Mais nous, nous bénirons l'Éternel, Dès maintenant et à jamais. Louez l'Éternel !

## PSAUME 116

**116.1**
J'aime l'Éternel, car il entend Ma voix, mes supplications ;

**116.2**
Car il a penché son oreille vers moi ; Et je l'invoquerai toute ma vie.

**116.3**

Les liens de la mort m'avaient environné, Et les angoisses du sépulcre m'avaient saisi ; J'étais en proie à la détresse et à la douleur.

**116.4**

Mais j'invoquerai le nom de l'Éternel : Ô Éternel, sauve mon âme !

**116.5**

L'Éternel est miséricordieux et juste, Notre Dieu est plein de compassion ;

**116.6**

L'Éternel garde les simples ; J'étais malheureux, et il m'a sauvé.

**116.7**

Mon âme, retourne à ton repos, Car l'Éternel t'a fait du bien.

**116.8**

Oui, tu as délivré mon âme de la mort, Mes yeux des larmes, Mes pieds de la chute.

**116.9**

Je marcherai devant l'Éternel, Sur la terre des vivants.

**116.10**

J'avais confiance, lorsque je disais : Je suis bien malheureux !

**116.11**

Je disais dans mon angoisse : Tout homme est trompeur.

**116.12**

Comment rendrai-je à l'Éternel Tous ses bienfaits envers moi ?

**116.13**

J'élèverai la coupe des délivrances, Et j'invoquerai le nom de l'Éternel ;

**116.14**
J'accomplirai mes vœux envers l'Éternel, En présence de tout son peuple.

**116.15**
Elle a du prix aux yeux de l'Éternel, La mort de ceux qui l'aiment.

**116.16**
Écoute-moi, ô Éternel ! car je suis ton serviteur, Ton serviteur, fils de ta servante. Tu as détaché mes liens.

**116.17**
Je t'offrirai un sacrifice d'actions de grâces, Et j'invoquerai le nom de l'Éternel ;

**116.18**
J'accomplirai mes vœux envers l'Éternel, En présence de tout son peuple,

**116.19**
Dans les parvis de la maison de l'Éternel, Au milieu de toi, Jérusalem ! Louez l'Éternel !

## PSAUME 117

**117.1**
Louez l'Éternel, vous toutes les nations, Célébrez-le, vous tous les peuples !

**117.2**
Car sa bonté pour nous est grande, Et sa fidélité dure à toujours. Louez l'Éternel !

## PSAUME 118

**118.1**
Louez l'Éternel, car il est bon, Car sa miséricorde dure à toujours!

**118.2**
Qu'Israël dise : Car sa miséricorde dure à toujours!

**118.3**
Que la maison d'Aaron dise : Car sa miséricorde dure à toujours!

**118.4**
Que ceux qui craignent l'Éternel disent : Car sa miséricorde dure à toujours!

**118.5**
Du sein de la détresse j'ai invoqué l'Éternel : L'Éternel m'a exaucé, m'a mis au large.

**118.6**
L'Éternel est pour moi, je ne crains rien : Que peuvent me faire des hommes?

**118.7**
L'Éternel est mon secours, Et je me réjouis à la vue de mes ennemis.

**118.8**
Mieux vaut chercher un refuge en l'Éternel Que de se confier à l'homme;

**118.9**
Mieux vaut chercher un refuge en l'Éternel Que de se confier aux grands.

**118.10**
Toutes les nations m'environnaient : Au nom de l'Éternel, je les taille en pièces.

**118.11**
Elles m'environnaient, m'enveloppaient : Au nom de l'Éternel, je les taille en pièces.

**118.12**
Elles m'environnaient comme des abeilles ; Elles s'éteignent comme un feu d'épines ; Au nom de l'Éternel, je les taille en pièces.

**118.13**
Tu me poussais pour me faire tomber ; Mais l'Éternel m'a secouru.

**118.14**
L'Éternel est ma force et le sujet de mes louanges ; C'est lui qui m'a sauvé.

**118.15**
Des cris de triomphe et de salut s'élèvent dans les tentes des justes : La droite de l'Éternel manifeste sa puissance !

**118.16**
La droite de l'Éternel est élevée ! La droite de l'Éternel manifeste sa puissance !

**118.17**
Je ne mourrai pas, je vivrai, Et je raconterai les œuvres de l'Éternel.

**118.18**
L'Éternel m'a châtié, Mais il ne m'a pas livré à la mort.

**118.19**
Ouvrez-moi les portes de la justice : J'entrerai, je louerai l'Éternel.

**118.20**

Voici la porte de l'Éternel : C'est par elle qu'entrent les justes.

**118.21**

Je te loue, parce que tu m'as exaucé, Parce que tu m'as sauvé.

**118.22**

La pierre qu'ont rejetée ceux qui bâtissaient Est devenue la principale de l'angle.

**118.23**

C'est de l'Éternel que cela est venu : C'est un prodige à nos yeux.

**118.24**

C'est ici la journée que l'Éternel a faite : Qu'elle soit pour nous un sujet d'allégresse et de joie !

**118.25**

Ô Éternel, accorde le salut ! Ô Éternel, donne la prospérité !

**118.26**

Béni soit celui qui vient au nom de l'Éternel ! Nous vous bénissons de la maison de l'Éternel.

**118.27**

L'Éternel est Dieu, et il nous éclaire. Attachez la victime avec des liens, Amenez-la jusqu'aux cornes de l'autel !

**118.28**

Tu es mon Dieu, et je te louerai ; Mon Dieu ! je t'exalterai.

**118.29**

Louez l'Éternel, car il est bon, Car sa miséricorde dure à toujours !

# PSAUME 119

**119.1**
Heureux ceux qui sont intègres dans leur voie, Qui marchent selon la loi de l'Éternel !

**119.2**
Heureux ceux qui gardent ses préceptes, Qui le cherchent de tout leur cœur,

**119.3**
Qui ne commettent point d'iniquité, Et qui marchent dans ses voies !

**119.4**
Tu as prescrit tes ordonnances, Pour qu'on les observe avec soin.

**119.5**
Puissent mes actions être bien réglées, Afin que je garde tes statuts !

**119.6**
Alors je ne rougirai point, À la vue de tous tes commandements.

**119.7**
Je te louerai dans la droiture de mon cœur, En apprenant les lois de ta justice.

**119.8**
Je veux garder tes statuts : Ne m'abandonne pas entièrement !

**119.9**
Comment le jeune homme rendra-t-il pur son sentier ? En se dirigeant d'après ta parole.

**119.10**

Je te cherche de tout mon cœur : Ne me laisse pas égarer loin de tes commandements !

**119.11**

Je serre ta parole dans mon cœur, Afin de ne pas pécher contre toi.

**119.12**

Béni sois-tu, ô Éternel ! Enseigne-moi tes statuts !

**119.13**

De mes lèvres j'énumère Toutes les sentences de ta bouche.

**119.14**

Je me réjouis en suivant tes préceptes, Comme si je possédais tous les trésors.

**119.15**

Je médite tes ordonnances, J'ai tes sentiers sous les yeux.

**119.16**

Je fais mes délices de tes statuts, Je n'oublie point ta parole.

**119.17**

Fais du bien à ton serviteur, pour que je vive Et que j'observe ta parole !

**119.18**

Ouvre mes yeux, pour que je contemple Les merveilles de ta loi !

**119.19**

Je suis un étranger sur la terre : Ne me cache pas tes commandements !

**119.20**

Mon âme est brisée par le désir Qui toujours la porte vers tes lois.

**119.21**
Tu menaces les orgueilleux, ces maudits, Qui s'égarent loin de tes commandements.

**119.22**
Décharge-moi de l'opprobre et du mépris ! Car j'observe tes préceptes.

**119.23**
Des princes ont beau s'asseoir et parler contre moi, Ton serviteur médite tes statuts.

**119.24**
Tes préceptes font mes délices, Ce sont mes conseillers.

**119.25**
Mon âme est attachée à la poussière : Rends-moi la vie selon ta parole !

**119.26**
Je raconte mes voies, et tu m'exauces : Enseigne-moi tes statuts !

**119.27**
Fais-moi comprendre la voie de tes ordonnances, Et je méditerai sur tes merveilles !

**119.28**
Mon âme pleure de chagrin : Relève-moi selon ta parole !

**119.29**
Éloigne de moi la voie du mensonge, Et accorde-moi la grâce de suivre ta loi !

**119.30**
Je choisis la voie de la vérité, Je place tes lois sous mes yeux.

**119.31**
Je m'attache à tes préceptes : Éternel, ne me rends point confus !

**119.32**
Je cours dans la voie de tes commandements, Car tu élargis mon cœur.

**119.33**
Enseigne-moi, Éternel, la voie de tes statuts, pour que je la retienne jusqu'à la fin !

**119.34**
Donne-moi l'intelligence, pour que je garde ta loi Et que je l'observe de tout mon cœur !

**119.35**
Conduis-moi dans le sentier de tes commandements ! Car je l'aime.

**119.36**
Incline mon cœur vers tes préceptes, Et non vers le gain !

**119.37**
Détourne mes yeux de la vue des choses vaines, Fais-moi vivre dans ta voie !

**119.38**
Accomplis envers ton serviteur ta promesse, Qui est pour ceux qui te craignent !

**119.39**
Éloigne de moi l'opprobre que je redoute ! Car tes jugements sont pleins de bonté.

**119.40**
Voici, je désire pratiquer tes ordonnances : Fais-moi vivre dans ta justice !

**119.41**
Éternel, que ta miséricorde vienne sur moi, Ton salut selon ta promesse !

**119.42**
Et je pourrai répondre à celui qui m'outrage, Car je me confie en ta parole.

**119.43**
N'ôte pas entièrement de ma bouche la parole de la vérité ! Car j'espère en tes jugements.

**119.44**
Je garderai ta loi constamment, À toujours et à perpétuité.

**119.45**
Je marcherai au large, Car je recherche tes ordonnances.

**119.46**
Je parlerai de tes préceptes devant les rois, Et je ne rougirai point.

**119.47**
Je fais mes délices de tes commandements. Je les aime.

**119.48**
Je lève mes mains vers tes commandements que j'aime, Et je veux méditer tes statuts.

**119.49**
Souviens-toi de ta promesse à ton serviteur, Puisque tu m'as donné l'espérance !

**119.50**
C'est ma consolation dans ma misère, Car ta promesse me rend la vie.

**119.51**
Des orgueilleux me chargent de railleries ; Je ne m'écarte point de ta loi.

**119.52**

Je pense à tes jugements d'autrefois, ô Éternel! Et je me console.

**119.53**

Une colère ardente me saisit à la vue des méchants Qui abandonnent ta loi.

**119.54**

Tes statuts sont le sujet de mes cantiques, Dans la maison où je suis étranger.

**119.55**

La nuit je me rappelle ton nom, ô Éternel! Et je garde ta loi.

**119.56**

C'est là ce qui m'est propre, Car j'observe tes ordonnances.

**119.57**

Ma part, ô Éternel! je le dis, C'est de garder tes paroles.

**119.58**

Je t'implore de tout mon cœur : Aie pitié de moi, selon ta promesse!

**119.59**

Je réfléchis à mes voies, Et je dirige mes pieds vers tes préceptes.

**119.60**

Je me hâte, je ne diffère point D'observer tes commandements.

**119.61**

Les pièges des méchants m'environnent; Je n'oublie point ta loi.

**119.62**
Au milieu de la nuit je me lève pour te louer, À cause des jugements de ta justice.

**119.63**
Je suis l'ami de tous ceux qui te craignent, Et de ceux qui gardent tes ordonnances.

**119.64**
La terre, ô Éternel ! est pleine de ta bonté ; Enseigne-moi tes statuts !

**119.65**
Tu fais du bien à ton serviteur, Ô Éternel ! selon ta promesse.

**119.66**
Enseigne-moi le bon sens et l'intelligence ! Car je crois à tes commandements.

**119.67**
Avant d'avoir été humilié, je m'égarais ; Maintenant j'observe ta parole.

**119.68**
Tu es bon et bienfaisant ; Enseigne-moi tes statuts !

**119.69**
Des orgueilleux imaginent contre moi des faussetés ; Moi, je garde de tout mon cœur tes ordonnances.

**119.70**
Leur cœur est insensible comme la graisse ; Moi, je fais mes délices de ta loi.

**119.71**
Il m'est bon d'être humilié, Afin que j'apprenne tes statuts.

**119.72**
Mieux vaut pour moi la loi de ta bouche Que mille objets d'or et d'argent.

**119.73**
Tes mains m'ont créé, elles m'ont formé ; Donne-moi l'intelligence, pour que j'apprenne tes commandements !

**119.74**
Ceux qui te craignent me voient et se réjouissent, Car j'espère en tes promesses.

**119.75**
Je sais, ô Éternel ! que tes jugements sont justes ; C'est par fidélité que tu m'as humilié.

**119.76**
Que ta bonté soit ma consolation, Comme tu l'as promis à ton serviteur !

**119.77**
Que tes compassions viennent sur moi, pour que je vive ! Car ta loi fait mes délices.

**119.78**
Qu'ils soient confondus, les orgueilleux qui m'oppriment sans cause ! Moi, je médite sur tes ordonnances.

**119.79**
Qu'ils reviennent à moi, ceux qui te craignent, Et ceux qui connaissent tes préceptes !

**119.80**
Que mon cœur soit sincère dans tes statuts, Afin que je ne sois pas couvert de honte !

**119.81**
Mon âme languit après ton salut ; J'espère en ta promesse.

**119.82**
Mes yeux languissent après ta promesse ; Je dis : Quand me consoleras-tu ?

**119.83**
Car je suis comme une outre dans la fumée ; Je n'oublie point tes statuts.

**119.84**
Quel est le nombre des jours de ton serviteur ? Quand feras-tu justice de ceux qui me persécutent ?

**119.85**
Des orgueilleux creusent des fosses devant moi ; Ils n'agissent point selon ta loi.

**119.86**
Tous tes commandements ne sont que fidélité ; Ils me persécutent sans cause : secours-moi !

**119.87**
Ils ont failli me terrasser et m'anéantir ; Et moi, je n'abandonne point tes ordonnances.

**119.88**
Rends-moi la vie selon ta bonté, Afin que j'observe les préceptes de ta bouche !

**119.89**
À toujours, ô Éternel ! Ta parole subsiste dans les cieux.

**119.90**
De génération en génération ta fidélité subsiste ; Tu as fondé la terre, et elle demeure ferme.

**119.91**
C'est d'après tes lois que tout subsiste aujourd'hui, Car toutes choses te sont assujetties.

**119.92**
Si ta loi n'eût fait mes délices, J'eusse alors péri dans ma misère.

**119.93**
Je n'oublierai jamais tes ordonnances, Car c'est par elles que tu me rends la vie.

**119.94**
Je suis à toi : sauve-moi ! Car je recherche tes ordonnances.

**119.95**
Des méchants m'attendent pour me faire périr ; Je suis attentif à tes préceptes.

**119.96**
Je vois des bornes à tout ce qui est parfait : Tes commandements n'ont point de limite.

**119.97**
Combien j'aime ta loi ! Elle est tout le jour l'objet de ma méditation.

**119.98**
Tes commandements me rendent plus sage que mes ennemis, Car je les ai toujours avec moi.

**119.99**
Je suis plus instruit que tous mes maîtres, Car tes préceptes sont l'objet de ma méditation.

**119.100**
J'ai plus d'intelligence que les vieillards, Car j'observe tes ordonnances.

**119.101**
Je retiens mon pied loin de tout mauvais chemin, Afin de garder ta parole.

**119.102**
Je ne m'écarte pas de tes lois, Car c'est toi qui m'enseignes.

**119.103**
Que tes paroles sont douces à mon palais, Plus que le miel à ma bouche !

**119.104**
Par tes ordonnances je deviens intelligent, Aussi je hais toute voie de mensonge.

**119.105**
Ta parole est une lampe à mes pieds, Et une lumière sur mon sentier.

**119.106**
Je jure, et je le tiendrai, D'observer les lois de ta justice.

**119.107**
Je suis bien humilié : Éternel, rends-moi la vie selon ta parole !

**119.108**
Agrée, ô Éternel ! les sentiments que ma bouche exprime, Et enseigne-moi tes lois !

**119.109**
Ma vie est continuellement exposée, Et je n'oublie point ta loi.

**119.110**
Des méchants me tendent des pièges, Et je ne m'égare pas loin de tes ordonnances.

**119.111**
Tes préceptes sont pour toujours mon héritage, Car ils sont la joie de mon cœur.

**119.112**

J'incline mon cœur à pratiquer tes statuts, Toujours, jusqu'à la fin.

**119.113**

Je hais les hommes indécis, Et j'aime ta loi.

**119.114**

Tu es mon asile et mon bouclier ; J'espère en ta promesse.

**119.115**

Éloignez-vous de moi, méchants, Afin que j'observe les commandements de mon Dieu !

**119.116**

Soutiens-moi selon ta promesse, afin que je vive, Et ne me rends point confus dans mon espérance !

**119.117**

Sois mon appui, pour que je sois sauvé, Et que je m'occupe sans cesse de tes statuts !

**119.118**

Tu méprises tous ceux qui s'écartent de tes statuts, Car leur tromperie est sans effet.

**119.119**

Tu enlèves comme de l'écume tous les méchants de la terre ; C'est pourquoi j'aime tes préceptes.

**119.120**

Ma chair frissonne de l'effroi que tu m'inspires, Et je crains tes jugements.

**119.121**

J'observe la loi et la justice : Ne m'abandonne pas à mes oppresseurs !

**119.122**
Prends sous ta garantie le bien de ton serviteur, Ne me laisse pas opprimer par des orgueilleux !

**119.123**
Mes yeux languissent après ton salut, Et après la promesse de ta justice.

**119.124**
Agis envers ton serviteur selon ta bonté, Et enseigne-moi tes statuts !

**119.125**
Je suis ton serviteur : donne-moi l'intelligence, Pour que je connaisse tes préceptes !

**119.126**
Il est temps que l'Éternel agisse : Ils transgressent ta loi.

**119.127**
C'est pourquoi j'aime tes commandements, Plus que l'or et que l'or fin ;

**119.128**
C'est pourquoi je trouve justes toutes tes ordonnances, Je hais toute voie de mensonge.

**119.129**
Tes préceptes sont admirables : Aussi mon âme les observe.

**119.130**
La révélation de tes paroles éclaire, Elle donne de l'intelligence aux simples.

**119.131**
J'ouvre la bouche et je soupire, Car je suis avide de tes commandements.

**119.132**

Tourne vers moi ta face, et aie pitié de moi, Selon ta coutume à l'égard de ceux qui aiment ton nom !

**119.133**

Affermis mes pas dans ta parole, Et ne laisse aucune iniquité dominer sur moi !

**119.134**

Délivre-moi de l'oppression des hommes, Afin que je garde tes ordonnances !

**119.135**

Fais luire ta face sur ton serviteur, Et enseigne-moi tes statuts !

**119.136**

Mes yeux répandent des torrents d'eaux, Parce qu'on n'observe point ta loi.

**119.137**

Tu es juste, ô Éternel ! Et tes jugements sont équitables ;

**119.138**

Tu fondes tes préceptes sur la justice Et sur la plus grande fidélité.

**119.139**

Mon zèle me consume, Parce que mes adversaires oublient tes paroles.

**119.140**

Ta parole est entièrement éprouvée, Et ton serviteur l'aime.

**119.141**

Je suis petit et méprisé ; Je n'oublie point tes ordonnances.

**119.142**

Ta justice est une justice éternelle, Et ta loi est la vérité.

**119.143**
La détresse et l'angoisse m'atteignent : Tes commandements font mes délices.

**119.144**
Tes préceptes sont éternellement justes : Donne-moi l'intelligence, pour que je vive !

**119.145**
Je t'invoque de tout mon cœur : exauce-moi, Éternel, Afin que je garde tes statuts !

**119.146**
Je t'invoque : sauve-moi, Afin que j'observe tes préceptes !

**119.147**
Je devance l'aurore et je crie ; J'espère en tes promesses.

**119.148**
Je devance les veilles et j'ouvre les yeux, Pour méditer ta parole.

**119.149**
Écoute ma voix selon ta bonté ! Rends-moi la vie selon ton jugement !

**119.150**
Ils s'approchent, ceux qui poursuivent le crime, Ils s'éloignent de la loi.

**119.151**
Tu es proche, ô Éternel ! Et tous tes commandements sont la vérité.

**119.152**
Dès longtemps je sais par tes préceptes Que tu les as établis pour toujours.

**119.153**

Vois ma misère, et délivre-moi! Car je n'oublie point ta loi.

**119.154**

Défends ma cause, et rachète-moi; Rends-moi la vie selon ta promesse!

**119.155**

Le salut est loin des méchants, Car ils ne recherchent pas tes statuts.

**119.156**

Tes compassions sont grandes, ô Éternel! Rends-moi la vie selon tes jugements!

**119.157**

Mes persécuteurs et mes adversaires sont nombreux; Je ne m'écarte point de tes préceptes,

**119.158**

Je vois avec dégoût des traîtres Qui n'observent pas ta parole.

**119.159**

Considère que j'aime tes ordonnances : Éternel, rends-moi la vie selon ta bonté!

**119.160**

Le fondement de ta parole est la vérité, Et toutes les lois de ta justice sont éternelles.

**119.161**

Des princes me persécutent sans cause; Mais mon cœur ne tremble qu'à tes paroles.

**119.162**

Je me réjouis de ta parole, Comme celui qui trouve un grand butin.

**119.163**
Je hais, je déteste le mensonge ; J'aime ta loi.

**119.164**
Sept fois le jour je te célèbre, À cause des lois de ta justice.

**119.165**
Il y a beaucoup de paix pour ceux qui aiment ta loi, Et il ne leur arrive aucun malheur.

**119.166**
J'espère en ton salut, ô Éternel ! Et je pratique tes commandements.

**119.167**
Mon âme observe tes préceptes, Et je les aime beaucoup.

**119.168**
Je garde tes ordonnances et tes préceptes, Car toutes mes voies sont devant toi.

**119.169**
Que mon cri parvienne jusqu'à toi, ô Éternel ! Donne-moi l'intelligence, selon ta promesse !

**119.170**
Que ma supplication arrive jusqu'à toi ! Délivre-moi, selon ta promesse !

**119.171**
Que mes lèvres publient ta louange ! Car tu m'enseignes tes statuts.

**119.172**
Que ma langue chante ta parole ! Car tous tes commandements sont justes.

**119.173**
Que ta main me soit en aide ! Car j'ai choisi tes ordonnances.

**119.174**
Je soupire après ton salut, ô Éternel ! Et ta loi fait mes délices.

**119.175**
Que mon âme vive et qu'elle te loue ! Et que tes jugements me soutiennent !

**119.176**
Je suis errant comme une brebis perdue : cherche ton serviteur, Car je n'oublie point tes commandements.

## PSAUME 120

**120.1**
Cantique des degrés. Dans ma détresse, c'est à l'Éternel Que je crie, et il m'exauce.

**120.2**
Éternel, délivre mon âme de la lèvre mensongère, De la langue trompeuse !

**120.3**
Que te donne, que te rapporte Une langue trompeuse ?

**120.4**
Les traits aigus du guerrier, Avec les charbons ardents du genêt.

**120.5**
Malheureux que je suis de séjourner à Méschec, D'habiter parmi les tentes de Kédar !

**120.6**
Assez longtemps mon âme a demeuré Auprès de ceux qui haïssent la paix.

**120.7**
Je suis pour la paix ; mais dès que je parle, Ils sont pour la guerre.

## PSAUME 121

**121.1**
Cantique des degrés. Je lève mes yeux vers les montagnes... D'où me viendra le secours ?

**121.2**
Le secours me vient de l'Éternel, Qui a fait les cieux et la terre.

**121.3**
Il ne permettra point que ton pied chancelle ; Celui qui te garde ne sommeillera point.

**121.4**
Voici, il ne sommeille ni ne dort, Celui qui garde Israël.

**121.5**
L'Éternel est celui qui te garde, L'Éternel est ton ombre à ta main droite.

**121.6**
Pendant le jour le soleil ne te frappera point, Ni la lune pendant la nuit.

**121.7**
L'Éternel te gardera de tout mal, Il gardera ton âme ;

**121.8**
L'Éternel gardera ton départ et ton arrivée, Dès maintenant et à jamais.

# PSAUME 122

**122.1**
Cantique des degrés. De David. Je suis dans la joie quand on me dit : Allons à la maison de l'Éternel !

**122.2**
Nos pieds s'arrêtent Dans tes portes, Jérusalem !

**122.3**
Jérusalem, tu es bâtie Comme une ville dont les parties sont liées ensemble.

**122.4**
C'est là que montent les tribus, les tribus de l'Éternel, Selon la loi d'Israël, Pour louer le nom de l'Éternel.

**122.5**
Car là sont les trônes pour la justice, Les trônes de la maison de David.

**122.6**
Demandez la paix de Jérusalem. Que ceux qui t'aiment jouissent du repos !

**122.7**
Que la paix soit dans tes murs, Et la tranquillité dans tes palais !

**122.8**
À cause de mes frères et de mes amis, Je désire la paix dans ton sein ;

**122.9**
À cause de la maison de l'Éternel, notre Dieu, Je fais des vœux pour ton bonheur.

## PSAUME 123

123.1
Cantique des degrés, Je lève mes yeux vers toi, Qui sièges dans les cieux.

123.2
Voici, comme les yeux des serviteurs sont fixés sur la main de leurs maîtres, Et les yeux de la servante sur la main de sa maîtresse, Ainsi nos yeux se tournent vers l'Éternel, notre Dieu, Jusqu'à ce qu'il ait pitié de nous.

123.3
Aie pitié de nous, Éternel, aie pitié de nous ! Car nous sommes assez rassasiés de mépris ;

123.4
Notre âme est assez rassasiée Des moqueries des orgueilleux, du mépris des hautains.

## PSAUME 124

124.1
Cantique des degrés. De David. Sans l'Éternel qui nous protégea, Qu'Israël le dise !

124.2
Sans l'Éternel qui nous protégea, Quand les hommes s'élevèrent contre nous,

124.3
Ils nous auraient engloutis tout vivants, Quand leur colère s'enflamma contre nous ;

**124.4**
Alors les eaux nous auraient submergés, Les torrents auraient passé sur notre âme ;

**124.5**
Alors auraient passé sur notre âme Les flots impétueux.

**124.6**
Béni soit l'Éternel, Qui ne nous a pas livrés en proie à leurs dents !

**124.7**
Notre âme s'est échappée comme l'oiseau du filet des oiseleurs ; Le filet s'est rompu, et nous nous sommes échappés.

**124.8**
Notre secours est dans le nom de l'Éternel, Qui a fait les cieux et la terre.

## PSAUME 125

**125.1**
Cantique des degrés. Ceux qui se confient en l'Éternel Sont comme la montagne de Sion : elle ne chancelle point, Elle est affermie pour toujours.

**125.2**
Des montagnes entourent Jérusalem ; Ainsi l'Éternel entoure son peuple, Dès maintenant et à jamais.

**125.3**
Car le sceptre de la méchanceté ne restera pas sur le lot des justes, Afin que les justes ne tendent pas les mains vers l'iniquité.

**125.4**
Éternel, répands tes bienfaits sur les bons Et sur ceux dont le cœur est droit !

**125.5**
Mais ceux qui s'engagent dans des voies détournées, Que l'Éternel les détruise avec ceux qui font le mal ! Que la paix soit sur Israël !

## PSAUME 126

**126.1**
Cantique des degrés. Quand l'Éternel ramena les captifs de Sion, Nous étions comme ceux qui font un rêve.

**126.2**
Alors notre bouche était remplie de cris de joie, Et notre langue de chants d'allégresse ; Alors on disait parmi les nations : L'Éternel a fait pour eux de grandes choses !

**126.3**
L'Éternel a fait pour nous de grandes choses ; Nous sommes dans la joie.

**126.4**
Éternel, ramène nos captifs, Comme des ruisseaux dans le midi !

**126.5**
Ceux qui sèment avec larmes Moissonneront avec chants d'allégresse.

**126.6**
Celui qui marche en pleurant, quand il porte la semence, Revient avec allégresse, quand il porte ses gerbes.

## PSAUME 127

**127.1**
Cantique des degrés. De Salomon. Si l'Éternel ne bâtit la maison, Ceux qui la bâtissent travaillent en vain ; Si l'Éternel ne garde la ville, Celui qui la garde veille en vain.

**127.2**
En vain vous levez-vous matin, vous couchez-vous tard, Et mangez-vous le pain de douleur ; Il en donne autant à ses bien-aimés pendant leur sommeil.

**127.3**
Voici, des fils sont un héritage de l'Éternel, Le fruit des entrailles est une récompense.

**127.4**
Comme les flèches dans la main d'un guerrier, Ainsi sont les fils de la jeunesse.

**127.5**
Heureux l'homme qui en a rempli son carquois ! Ils ne seront pas confus, Quand ils parleront avec des ennemis à la porte.

## PSAUME 128

**128.1**
Cantique des degrés. Heureux tout homme qui craint l'Éternel, Qui marche dans ses voies !

**128.2**
Tu jouis alors du travail de tes mains, Tu es heureux, tu prospères.

**128.3**
Ta femme est comme une vigne féconde Dans l'intérieur de ta maison ; Tes fils sont comme des plants d'olivier, Autour de ta table.

**128.4**
C'est ainsi qu'est béni L'homme qui craint l'Éternel.

**128.5**
L'Éternel te bénira de Sion, Et tu verras le bonheur de Jérusalem Tous les jours de ta vie ;

**128.6**
Tu verras les fils de tes fils. Que la paix soit sur Israël !

## PSAUME 129

**129.1**
Cantique des degrés. Ils m'ont assez opprimé dès ma jeunesse, Qu'Israël le dise !

**129.2**
Ils m'ont assez opprimé dès ma jeunesse, Mais ils ne m'ont pas vaincu.

**129.3**
Des laboureurs ont labouré mon dos, Ils y ont tracé de longs sillons.

**129.4**
L'Éternel est juste : Il a coupé les cordes des méchants.

**129.5**
Qu'ils soient confondus et qu'ils reculent, Tous ceux qui haïssent Sion !

**129.6**

Qu'ils soient comme l'herbe des toits, Qui sèche avant qu'on l'arrache !

**129.7**

Le moissonneur n'en remplit point sa main, Celui qui lie les gerbes n'en charge point son bras,

**129.8**

Et les passants ne disent point : Que la bénédiction de l'Éternel soit sur vous ! Nous vous bénissons au nom de l'Éternel !

## PSAUME 130

**130.1**

Cantique des degrés. Du fond de l'abîme je t'invoque, ô Éternel !

**130.2**

Seigneur, écoute ma voix ! Que tes oreilles soient attentives À la voix de mes supplications !

**130.3**

Si tu gardais le souvenir des iniquités, Éternel, Seigneur, qui pourrait subsister ?

**130.4**

Mais le pardon se trouve auprès de toi, Afin qu'on te craigne.

**130.5**

J'espère en l'Éternel, mon âme espère, Et j'attends sa promesse.

**130.6**

Mon âme compte sur le Seigneur, Plus que les gardes ne comptent sur le matin, Que les gardes ne comptent sur le matin.

130.7
Israël, mets ton espoir en l'Éternel! Car la miséricorde est auprès de l'Éternel, Et la rédemption est auprès de lui en abondance.

130.8
C'est lui qui rachètera Israël De toutes ses iniquités.

## PSAUME 131

131.1
Cantique des degrés. De David. Éternel! je n'ai ni un cœur qui s'enfle, ni des regards hautains; Je ne m'occupe pas de choses trop grandes et trop relevées pour moi.

131.2
Loin de là, j'ai l'âme calme et tranquille, Comme un enfant sevré qui est auprès de sa mère; J'ai l'âme comme un enfant sevré.

131.3
Israël, mets ton espoir en l'Éternel, Dès maintenant et à jamais!

## PSAUME 132

132.1
Cantique des degrés. Éternel, souviens-toi de David, De toutes ses peines!

132.2
Il jura à l'Éternel, Il fit ce vœu au puissant de Jacob :

**132.3**
Je n'entrerai pas dans la tente où j'habite, Je ne monterai pas sur le lit où je repose,

**132.4**
Je ne donnerai ni sommeil à mes yeux, Ni assoupissement à mes paupières.

**132.5**
Jusqu'à ce que j'aie trouvé un lieu pour l'Éternel, Une demeure pour le puissant de Jacob.

**132.6**
Voici, nous en entendîmes parler à Éphrata, Nous la trouvâmes dans les champs de Jaar…

**132.7**
Allons à sa demeure, Prosternons-nous devant son marchepied!…

**132.8**
Lève-toi, Éternel, viens à ton lieu de repos, Toi et l'arche de ta majesté!

**132.9**
Que tes sacrificateurs soient revêtus de justice, Et que tes fidèles poussent des cris de joie!

**132.10**
À cause de David, ton serviteur, Ne repousse pas ton oint!

**132.11**
L'Éternel a juré la vérité à David, Il n'en reviendra pas; Je mettrai sur ton trône un fruit de tes entrailles.

**132.12**
Si tes fils observent mon alliance Et mes préceptes que je leur enseigne, Leurs fils aussi pour toujours Seront assis sur ton trône.

**132.13**
Oui, l'Éternel a choisi Sion, Il l'a désirée pour sa demeure :

**132.14**
C'est mon lieu de repos à toujours ; J'y habiterai, car je l'ai désirée.

**132.15**
Je bénirai sa nourriture, Je rassasierai de pain ses indigents ;

**132.16**
Je revêtirai de salut ses sacrificateurs, Et ses fidèles pousseront des cris de joie.

**132.17**
Là j'élèverai la puissance de David, Je préparerai une lampe à mon oint,

**132.18**
Je revêtirai de honte ses ennemis, Et sur lui brillera sa couronne.

## PSAUME 133

**133.1**
Cantique des degrés. De David. Voici, oh ! qu'il est agréable, qu'il est doux Pour des frères de demeurer ensemble !

**133.2**
C'est comme l'huile précieuse qui, répandue sur la tête, Descend sur la barbe, sur la barbe d'Aaron, Qui descend sur le bord de ses vêtements.

**133.3**
C'est comme la rosée de l'Hermon, Qui descend sur les montagnes de Sion ; Car c'est là que l'Éternel envoie la bénédiction, La vie, pour l'éternité.

## PSAUME 134

134.1
Cantique des degrés. Voici, bénissez l'Éternel, vous tous, serviteurs de l'Éternel, Qui vous tenez dans la maison de l'Éternel pendant les nuits!

134.2
Élevez vos mains vers le sanctuaire, Et bénissez l'Éternel!

134.3
Que l'Éternel te bénisse de Sion, Lui qui a fait les cieux et la terre!

## PSAUME 135

135.1
Louez l'Éternel! Louez le nom de l'Éternel, Louez-le, serviteurs de l'Éternel,

135.2
Qui vous tenez dans la maison de l'Éternel, Dans les parvis de la maison de notre Dieu!

135.3
Louez l'Éternel! car l'Éternel est bon. Chantez à son nom! car il est favorable.

135.4
Car l'Éternel s'est choisi Jacob, Israël, pour qu'il lui appartînt.

135.5
Je sais que l'Éternel est grand, Et que notre Seigneur est au-dessus de tous les dieux.

**135.6**
Tout ce que l'Éternel veut, il le fait, Dans les cieux et sur la terre, Dans les mers et dans tous les abîmes.

**135.7**
Il fait monter les nuages des extrémités de la terre, Il produit les éclairs et la pluie, Il tire le vent de ses trésors.

**135.8**
Il frappa les premiers-nés de l'Égypte, Depuis les hommes jusqu'aux animaux.

**135.9**
Il envoya des signes et des miracles au milieu de toi, Égypte ! Contre Pharaon et contre tous ses serviteurs.

**135.10**
Il frappa des nations nombreuses, Et tua des rois puissants,

**135.11**
Sihon, roi des Amoréens, Og, roi de Basan, Et tous les rois de Canaan ;

**135.12**
Et il donna leur pays en héritage, En héritage à Israël, son peuple.

**135.13**
Éternel ! ton nom subsiste à toujours, Éternel ! ta mémoire dure de génération en génération.

**135.14**
Car l'Éternel jugera son peuple, Et il aura pitié de ses serviteurs.

**135.15**
Les idoles des nations sont de l'argent et de l'or, Elles sont l'ouvrage de la main des hommes.

**135.16**
Elles ont une bouche et ne parlent point, Elles ont des yeux et ne voient point,

**135.17**
Elles ont des oreilles et n'entendent point, Elles n'ont point de souffle dans leur bouche.

**135.18**
Ils leur ressemblent, ceux qui les fabriquent, Tous ceux qui se confient en elles.

**135.19**
Maison d'Israël, bénissez l'Éternel ! Maison d'Aaron, bénissez l'Éternel !

**135.20**
Maison de Lévi, bénissez l'Éternel ! Vous qui craignez l'Éternel, bénissez l'Éternel !

**135.21**
Que de Sion l'on bénisse l'Éternel, Qui habite à Jérusalem ! Louez l'Éternel !

## PSAUME 136

**136.1**
Louez l'Éternel, car il est bon, Car sa miséricorde dure à toujours !

**136.2**
Louez le Dieu des dieux, Car sa miséricorde dure à toujours !

**136.3**
Louez le Seigneur des seigneurs, Car sa miséricorde dure à toujours !

**136.4**
Celui qui seul fait de grands prodiges, Car sa miséricorde dure à toujours!

**136.5**
Celui qui a fait les cieux avec intelligence, Car sa miséricorde dure à toujours!

**136.6**
Celui qui a étendu la terre sur les eaux, Car sa miséricorde dure à toujours!

**136.7**
Celui qui a fait les grands luminaires, Car sa miséricorde dure à toujours!

**136.8**
Le soleil pour présider au jour, Car sa miséricorde dure à toujours!

**136.9**
La lune et les étoiles pour présider à la nuit, Car sa miséricorde dure à toujours!

**136.10**
Celui qui frappa les Égyptiens dans leurs premiers-nés, Car sa miséricorde dure à toujours!

**136.11**
Et fit sortir Israël du milieu d'eux, Car sa miséricorde dure à toujours!

**136.12**
À main forte et à bras étendu, Car sa miséricorde dure à toujours!

**136.13**
Celui qui coupa en deux la mer Rouge, Car sa miséricorde dure à toujours!

**136.14**
Qui fit passer Israël au milieu d'elle, Car sa miséricorde dure à toujours!

**136.15**
Et précipita Pharaon et son armée dans la mer Rouge, Car sa miséricorde dure à toujours!

**136.16**
Celui qui conduisit son peuple dans le désert, Car sa miséricorde dure à toujours!

**136.17**
Celui qui frappa de grands rois, Car sa miséricorde dure à toujours!

**136.18**
Qui tua des rois puissants, Car sa miséricorde dure à toujours!

**136.19**
Sihon, roi des Amoréens, Car sa miséricorde dure à toujours!

**136.20**
Et Og, roi de Basan, Car sa miséricorde dure à toujours!

**136.21**
Et donna leur pays en héritage, Car sa miséricorde dure à toujours!

**136.22**
En héritage à Israël, son serviteur, Car sa miséricorde dure à toujours!

**136.23**
Celui qui se souvint de nous quand nous étions humiliés, Car sa miséricorde dure à toujours!

**136.24**
Et nous délivra de nos oppresseurs, Car sa miséricorde dure à toujours !

**136.25**
Celui qui donne la nourriture à toute chair, Car sa miséricorde dure à toujours !

**136.26**
Louez le Dieu des cieux, Car sa miséricorde dure à toujours !

## PSAUME 137

**137.1**
Sur les bords des fleuves de Babylone, Nous étions assis et nous pleurions, en nous souvenant de Sion.

**137.2**
Aux saules de la contrée Nous avions suspendu nos harpes.

**137.3**
Là, nos vainqueurs nous demandaient des chants, Et nos oppresseurs de la joie : Chantez-nous quelques-uns des cantiques de Sion !

**137.4**
Comment chanterions-nous les cantiques de l'Éternel Sur une terre étrangère ?

**137.5**
Si je t'oublie, Jérusalem, Que ma droite m'oublie !

**137.6**
Que ma langue s'attache à mon palais, Si je ne me souviens de toi, Si je ne fais de Jérusalem Le principal sujet de ma joie !

**137.7**
Éternel, souviens-toi des enfants d'Édom, Qui, dans la journée de Jérusalem, Disaient : Rasez, rasez Jusqu'à ses fondements!

**137.8**
Fille de Babylone, la dévastée, Heureux qui te rend la pareille, Le mal que tu nous as fait!

**137.9**
Heureux qui saisit tes enfants, Et les écrase sur le roc!

## PSAUME 138

**138.1**
De David. Je te célèbre de tout mon cœur, Je chante tes louanges en la présence de Dieu.

**138.2**
Je me prosterne dans ton saint temple, Et je célèbre ton nom, à cause de ta bonté et de ta fidélité, Car ta renommée s'est accrue par l'accomplissement de tes promesses.

**138.3**
Le jour où je t'ai invoqué, tu m'as exaucé, Tu m'as rassuré, tu as fortifié mon âme.

**138.4**
Tous les rois de la terre te loueront, ô Éternel! En entendant les paroles de ta bouche;

**138.5**
Ils célébreront les voies de l'Éternel, Car la gloire de l'Éternel est grande.

**138.6**

L'Éternel est élevé : il voit les humbles, Et il reconnaît de loin les orgueilleux.

**138.7**

Quand je marche au milieu de la détresse, tu me rends la vie, Tu étends ta main sur la colère de mes ennemis, Et ta droite me sauve.

**138.8**

L'Éternel agira en ma faveur. Éternel, ta bonté dure toujours, N'abandonne pas les œuvres de tes mains !

## PSAUME 139

**139.1**

Au chef des chantres. De David. Psaume. Éternel ! tu me sondes et tu me connais,

**139.2**

Tu sais quand je m'assieds et quand je me lève, Tu pénètres de loin ma pensée ;

**139.3**

Tu sais quand je marche et quand je me couche, Et tu pénètres toutes mes voies.

**139.4**

Car la parole n'est pas sur ma langue, Que déjà, ô Éternel ! tu la connais entièrement.

**139.5**

Tu m'entoures par-derrière et par-devant, Et tu mets ta main sur moi.

**139.6**
Une science aussi merveilleuse est au-dessus de ma portée, Elle est trop élevée pour que je puisse la saisir.

**139.7**
Où irais-je loin de ton esprit, Et où fuirais-je loin de ta face ?

**139.8**
Si je monte aux cieux, tu y es ; Si je me couche au séjour des morts, t'y voilà.

**139.9**
Si je prends les ailes de l'aurore, Et que j'aille habiter à l'extrémité de la mer,

**139.10**
Là aussi ta main me conduira, Et ta droite me saisira.

**139.11**
Si je dis : Au moins les ténèbres me couvriront, La nuit devient lumière autour de moi ;

**139.12**
Même les ténèbres ne sont pas obscures pour toi, La nuit brille comme le jour, Et les ténèbres comme la lumière.

**139.13**
C'est toi qui as formé mes reins, Qui m'as tissé dans le sein de ma mère.

**139.14**
Je te loue de ce que je suis une créature si merveilleuse. Tes œuvres sont admirables, Et mon âme le reconnaît bien.

**139.15**
Mon corps n'était point caché devant toi, Lorsque j'ai été fait dans un lieu secret, Tissé dans les profondeurs de la terre.

**139.16**
Quand je n'étais qu'une masse informe, tes yeux me voyaient; Et sur ton livre étaient tous inscrits Les jours qui m'étaient destinés, Avant qu'aucun d'eux existât.

**139.17**
Que tes pensées, ô Dieu, me semblent impénétrables! Que le nombre en est grand!

**139.18**
Si je les compte, elles sont plus nombreuses que les grains de sable. Je m'éveille, et je suis encore avec toi.

**139.19**
Ô Dieu, puisses-tu faire mourir le méchant! Hommes de sang, éloignez-vous de moi!

**139.20**
Ils parlent de toi d'une manière criminelle, Ils prennent ton nom pour mentir, eux, tes ennemis!

**139.21**
Éternel, n'aurais-je pas de la haine pour ceux qui te haïssent, Du dégoût pour ceux qui s'élèvent contre toi?

**139.22**
Je les hais d'une parfaite haine; Ils sont pour moi des ennemis.

**139.23**
Sonde-moi, ô Dieu, et connais mon cœur! Éprouve-moi, et connais mes pensées!

**139.24**
Regarde si je suis sur une mauvaise voie, Et conduis-moi sur la voie de l'éternité!

## PSAUME 140

**140.1**
Au chef des chantres. Psaume de David.

**140.2**
Éternel, délivre-moi des hommes méchants ! Préserve-moi des hommes violents.

**140.3**
Qui méditent de mauvais desseins dans leur cœur, Et sont toujours prêts à faire la guerre !

**140.4**
Ils aiguisent leur langue comme un serpent, Ils ont sous leurs lèvres un venin d'aspic.

**140.5**
Éternel, garantis-moi des mains du méchant ! Préserve-moi des hommes violents, Qui méditent de me faire tomber !

**140.6**
Des orgueilleux me tendent un piège et des filets, Ils placent des rets le long du chemin, Ils me dressent des embûches.

**140.7**
Je dis à l'Éternel : Tu es mon Dieu ! Éternel, prête l'oreille à la voix de mes supplications !

**140.8**
Éternel, Seigneur, force de mon salut ! Tu couvres ma tête au jour du combat.

**140.9**
Éternel, n'accomplis pas les désirs du méchant, Ne laisse pas réussir ses projets, de peur qu'il ne s'en glorifie !

**140.10**
Que sur la tête de ceux qui m'environnent Retombe l'iniquité de leurs lèvres !

**140.11**
Que des charbons ardents soient jetés sur eux ! Qu'il les précipite dans le feu, Dans des abîmes, d'où ils ne se relèvent plus !

**140.12**
L'homme dont la langue est fausse ne s'affermit pas sur la terre ; Et l'homme violent, le malheur l'entraîne à sa perte.

**140.13**
Je sais que l'Éternel fait droit au misérable, Justice aux indigents.

**140.14**
Oui, les justes célébreront ton nom, Les hommes droits habiteront devant ta face.

## PSAUME 141

**141.1**
Psaume de David. Éternel, je t'invoque : viens en hâte auprès de moi ! Prête l'oreille à ma voix, quand je t'invoque !

**141.2**
Que ma prière soit devant ta face comme l'encens, Et l'élévation de mes mains comme l'offrande du soir !

**141.3**
Éternel, mets une garde à ma bouche, Veille sur la porte de mes lèvres !

**141.4**

N'entraîne pas mon cœur à des choses mauvaises, À des actions coupables avec les hommes qui font le mal, Et que je ne prenne aucune part à leurs festins !

**141.5**

Que le juste me frappe, c'est une faveur ; Qu'il me châtie, c'est de l'huile sur ma tête : Ma tête ne se détournera pas ; Mais de nouveau ma prière s'élèvera contre leur méchanceté.

**141.6**

Que leurs juges soient précipités le long des rochers, Et l'on écoutera mes paroles, car elles sont agréables.

**141.7**

Comme quand on laboure et qu'on fend la terre, Ainsi nos os sont dispersés à l'entrée du séjour des morts.

**141.8**

C'est vers toi, Éternel, Seigneur ! que se tournent mes yeux, C'est auprès de toi que je cherche un refuge : N'abandonne pas mon âme !

**141.9**

Garantis-moi du piège qu'ils me tendent, Et des embûches de ceux qui font le mal !

**141.10**

Que les méchants tombent dans leurs filets, Et que j'échappe en même temps !

# PSAUME 142

**142.1**
Cantique de David. Lorsqu'il était dans la caverne. Prière.

**142.2**
De ma voix je crie à l'Éternel, De ma voix j'implore l'Éternel.

**142.3**
Je répands ma plainte devant lui, Je lui raconte ma détresse.

**142.4**
Quand mon esprit est abattu au-dedans de moi, Toi, tu connais mon sentier. Sur la route où je marche Ils m'ont tendu un piège.

**142.5**
Jette les yeux à droite, et regarde! Personne ne me reconnaît, Tout refuge est perdu pour moi, Nul ne prend souci de mon âme.

**142.6**
Éternel! c'est à toi que je crie. Je dis : Tu es mon refuge, Mon partage sur la terre des vivants.

**142.7**
Sois attentif à mes cris! Car je suis bien malheureux. Délivre-moi de ceux qui me poursuivent! Car ils sont plus forts que moi.

**142.8**
Tire mon âme de sa prison, Afin que je célèbre ton nom! Les justes viendront m'entourer, Quand tu m'auras fait du bien.

## PSAUME 143

**143.1**

Psaume de David. Éternel, écoute ma prière, prête l'oreille à mes supplications ! Exauce-moi dans ta fidélité, dans ta justice !

**143.2**

N'entre pas en jugement avec ton serviteur ! Car aucun vivant n'est juste devant toi.

**143.3**

L'ennemi poursuit mon âme, Il foule à terre ma vie ; Il me fait habiter dans les ténèbres, Comme ceux qui sont morts depuis longtemps.

**143.4**

Mon esprit est abattu au-dedans de moi, Mon cœur est troublé dans mon sein.

**143.5**

Je me souviens des jours d'autrefois, Je médite sur toutes tes œuvres, Je réfléchis sur l'ouvrage de tes mains.

**143.6**

J'étends mes mains vers toi ; Mon âme soupire après toi, comme une terre desséchée.

**143.7**

Hâte-toi de m'exaucer, ô Éternel ! Mon esprit se consume. Ne me cache pas ta face ! Je serais semblable à ceux qui descendent dans la fosse.

**143.8**

Fais-moi dès le matin entendre ta bonté ! Car je me confie en toi. Fais-moi connaître le chemin où je dois marcher ! Car j'élève à toi mon âme.

**143.9**
Délivre-moi de mes ennemis, ô Éternel! Auprès de toi je cherche un refuge.

**143.10**
Enseigne-moi à faire ta volonté! Car tu es mon Dieu. Que ton bon esprit me conduise sur la voie droite!

**143.11**
À cause de ton nom, Éternel, rends-moi la vie! Dans ta justice, retire mon âme de la détresse!

**143.12**
Dans ta bonté, anéantis mes ennemis, Et fais périr tous les oppresseurs de mon âme! Car je suis ton serviteur.

## PSAUME 144

**144.1**
De David. Béni soit l'Éternel, mon rocher, Qui exerce mes mains au combat, Mes doigts à la bataille,

**144.2**
Mon bienfaiteur et ma forteresse, Ma haute retraite et mon libérateur, Mon bouclier, celui qui est mon refuge, Qui m'assujettit mon peuple!

**144.3**
Éternel, qu'est-ce que l'homme, pour que tu le connaisses? Le fils de l'homme, pour que tu prennes garde à lui?

**144.4**
L'homme est semblable à un souffle, Ses jours sont comme l'ombre qui passe.

**144.5**
Éternel, abaisse tes cieux, et descends ! Touche les montagnes, et qu'elles soient fumantes !

**144.6**
Fais briller les éclairs, et disperse mes ennemis ! Lance tes flèches, et mets-les en déroute !

**144.7**
Étends tes mains d'en haut ; Délivre-moi et sauve-moi des grandes eaux, De la main des fils de l'étranger,

**144.8**
Dont la bouche profère la fausseté, Et dont la droite est une droite mensongère.

**144.9**
Ô Dieu ! je te chanterai un cantique nouveau, Je te célébrerai sur le luth à dix cordes.

**144.10**
Toi, qui donnes le salut aux rois, Qui sauvas du glaive meurtrier David, ton serviteur,

**144.11**
Délivre-moi et sauve-moi de la main des fils de l'étranger, Dont la bouche profère la fausseté, Et dont la droite est une droite mensongère !...

**144.12**
Nos fils sont comme des plantes Qui croissent dans leur jeunesse ; Nos filles comme les colonnes sculptées Qui font l'ornement des palais.

**144.13**
Nos greniers sont pleins, Regorgeant de toute espèce de provisions ; Nos troupeaux se multiplient par milliers, par dix milliers, Dans nos campagnes ;

**144.14**
Nos génisses sont fécondes ; Point de désastre, point de captivité, Point de cris dans nos rues !

**144.15**
Heureux le peuple pour qui il en est ainsi ! Heureux le peuple dont l'Éternel est le Dieu !

## PSAUME 145

**145.1**
Louange. De David. Je t'exalterai, ô mon Dieu, mon roi ! Et je bénirai ton nom à toujours et à perpétuité.

**145.2**
Chaque jour je te bénirai, Et je célébrerai ton nom à toujours et à perpétuité.

**145.3**
L'Éternel est grand et très digne de louange, Et sa grandeur est insondable.

**145.4**
Que chaque génération célèbre tes œuvres, Et publie tes hauts faits !

**145.5**
Je dirai la splendeur glorieuse de ta majesté ; Je chanterai tes merveilles.

**145.6**
On parlera de ta puissance redoutable, Et je raconterai ta grandeur.

**145.7**
Qu'on proclame le souvenir de ton immense bonté, Et qu'on célèbre ta justice !

**145.8**
L'Éternel est miséricordieux et compatissant, Lent à la colère et plein de bonté.

**145.9**
L'Éternel est bon envers tous, Et ses compassions s'étendent sur toutes ses œuvres.

**145.10**
Toutes tes œuvres te loueront, ô Éternel! Et tes fidèles te béniront.

**145.11**
Ils diront la gloire de ton règne, Et ils proclameront ta puissance,

**145.12**
Pour faire connaître aux fils de l'homme ta puissance Et la splendeur glorieuse de ton règne.

**145.13**
Ton règne est un règne de tous les siècles, Et ta domination subsiste dans tous les âges.

**145.14**
L'Éternel soutient tous ceux qui tombent, Et il redresse tous ceux qui sont courbés.

**145.15**
Les yeux de tous espèrent en toi, Et tu leur donnes la nourriture en son temps.

**145.16**
Tu ouvres ta main, Et tu rassasies à souhait tout ce qui a vie.

**145.17**
L'Éternel est juste dans toutes ses voies, Et miséricordieux dans toutes ses œuvres.

**145.18**
L'Éternel est près de tous ceux qui l'invoquent, De tous ceux qui l'invoquent avec sincérité ;

**145.19**
Il accomplit les désirs de ceux qui le craignent, Il entend leur cri et il les sauve.

**145.20**
L'Éternel garde tous ceux qui l'aiment, Et il détruit tous les méchants.

**145.21**
Que ma bouche publie la louange de l'Éternel, Et que toute chair bénisse son saint nom, À toujours et à perpétuité !

## PSAUME 146

**146.1**
Louez l'Éternel ! Mon âme, loue l'Éternel !

**146.2**
Je louerai l'Éternel tant que je vivrai, Je célébrerai mon Dieu tant que j'existerai.

**146.3**
Ne vous confiez pas aux grands, Aux fils de l'homme, qui ne peuvent sauver.

**146.4**
Leur souffle s'en va, ils rentrent dans la terre, Et ce même jour leurs desseins périssent.

**146.5**
Heureux celui qui a pour secours le Dieu de Jacob, Qui met son espoir en l'Éternel, son Dieu !

**146.6**
Il a fait les cieux et la terre, La mer et tout ce qui s'y trouve. Il garde la fidélité à toujours.

**146.7**
Il fait droit aux opprimés; Il donne du pain aux affamés; L'Éternel délivre les captifs;

**146.8**
L'Éternel ouvre les yeux des aveugles; L'Éternel redresse ceux qui sont courbés; L'Éternel aime les justes.

**146.9**
L'Éternel protège les étrangers, Il soutient l'orphelin et la veuve, Mais il renverse la voie des méchants.

**146.10**
L'Éternel règne éternellement; Ton Dieu, ô Sion! subsiste d'âge en âge! Louez l'Éternel!

## PSAUME 147

**147.1**
Louez l'Éternel! Car il est beau de célébrer notre Dieu, Car il est doux, il est bienséant de le louer.

**147.2**
L'Éternel rebâtit Jérusalem, Il rassemble les exilés d'Israël;

**147.3**
Il guérit ceux qui ont le cœur brisé, Et il panse leurs blessures.

**147.4**
Il compte le nombre des étoiles, Il leur donne à toutes des noms.

**147.5**

Notre Seigneur est grand, puissant par sa force, Son intelligence n'a point de limite.

**147.6**

L'Éternel soutient les malheureux, Il abaisse les méchants jusqu'à terre.

**147.7**

Chantez à l'Éternel avec actions de grâces, Célébrez notre Dieu avec la harpe !

**147.8**

Il couvre les cieux de nuages, Il prépare la pluie pour la terre ; Il fait germer l'herbe sur les montagnes.

**147.9**

Il donne la nourriture au bétail, Aux petits du corbeau quand ils crient,

**147.10**

Ce n'est pas dans la vigueur du cheval qu'il se complaît, Ce n'est pas dans les jambes de l'homme qu'il met son plaisir ;

**147.11**

L'Éternel aime ceux qui le craignent, Ceux qui espèrent en sa bonté.

**147.12**

Jérusalem, célèbre l'Éternel ! Sion, loue ton Dieu !

**147.13**

Car il affermit les barres de tes portes, Il bénit tes fils au milieu de toi ;

**147.14**

Il rend la paix à ton territoire, Il te rassasie du meilleur froment.

**147.15**

Il envoie ses ordres sur la terre : Sa parole court avec vitesse.

**147.16**

Il donne la neige comme de la laine, Il répand la gelée blanche comme de la cendre ;

**147.17**

Il lance sa glace par morceaux ; Qui peut résister devant son froid ?

**147.18**

Il envoie sa parole, et il les fond ; Il fait souffler son vent, et les eaux coulent.

**147.19**

Il révèle sa parole à Jacob, Ses lois et ses ordonnances à Israël ;

**147.20**

Il n'a pas agi de même pour toutes les nations, Et elles ne connaissent point ses ordonnances. Louez l'Éternel !

## PSAUME 148

**148.1**

Louez l'Éternel ! Louez l'Éternel du haut des cieux ! Louez-le dans les lieux élevés !

**148.2**

Louez-le, vous tous ses anges ! Louez-le, vous toutes ses armées !

**148.3**

Louez-le, soleil et lune ! Louez-le, vous toutes, étoiles lumineuses !

**148.4**
Louez-le, cieux des cieux, Et vous, eaux qui êtes au-dessus des cieux!

**148.5**
Qu'ils louent le nom de l'Éternel! Car il a commandé, et ils ont été créés.

**148.6**
Il les a affermis pour toujours et à perpétuité; Il a donné des lois, et il ne les violera point.

**148.7**
Louez l'Éternel du bas de la terre, Monstres marins, et vous tous, abîmes,

**148.8**
Feu et grêle, neige et brouillards, Vents impétueux, qui exécutez ses ordres,

**148.9**
Montagnes et toutes les collines, Arbres fruitiers et tous les cèdres,

**148.10**
Animaux et tout le bétail, Reptiles et oiseaux ailés,

**148.11**
Rois de la terre et tous les peuples, Princes et tous les juges de la terre,

**148.12**
Jeunes hommes et jeunes filles, Vieillards et enfants!

**148.13**
Qu'ils louent le nom de l'Éternel! Car son nom seul est élevé; Sa majesté est au-dessus de la terre et des cieux.

**148.14**

Il a relevé la force de son peuple : Sujet de louange pour tous ses fidèles, Pour les enfants d'Israël, du peuple qui est près de lui. Louez l'Éternel!

## PSAUME 149

**149.1**

Louez l'Éternel! Chantez à l'Éternel un cantique nouveau! Chantez ses louanges dans l'assemblée des fidèles!

**149.2**

Qu'Israël se réjouisse en celui qui l'a créé! Que les fils de Sion soient dans l'allégresse à cause de leur roi!

**149.3**

Qu'ils louent son nom avec des danses, Qu'ils le célèbrent avec le tambourin et la harpe!

**149.4**

Car l'Éternel prend plaisir à son peuple, Il glorifie les malheureux en les sauvant.

**149.5**

Que les fidèles triomphent dans la gloire, Qu'ils poussent des cris de joie sur leur couche!

**149.6**

Que les louanges de Dieu soient dans leur bouche, Et le glaive à deux tranchants dans leur main,

**149.7**

Pour exercer la vengeance sur les nations, Pour châtier les peuples,

149.8
Pour lier leurs rois avec des chaînes Et leurs grands avec des ceps de fer,

149.9
Pour exécuter contre eux le jugement qui est écrit ! C'est une gloire pour tous ses fidèles. Louez l'Éternel !

## PSAUME 150

150.1
Louez l'Éternel ! Louez Dieu dans son sanctuaire ! Louez-le dans l'étendue, où éclate sa puissance !

150.2
Louez-le pour ses hauts faits ! Louez-le selon l'immensité de sa grandeur !

150.3
Louez-le au son de la trompette ! Louez-le avec le luth et la harpe !

150.4
Louez-le avec le tambourin et avec des danses ! Louez-le avec les instruments à cordes et le chalumeau !

150.5
Louez-le avec les cymbales sonores ! Louez-le avec les cymbales retentissantes !

150.6
Que tout ce qui respire loue l'Éternel ! Louez l'Éternel !

# CONCLUSION

Vous avez maintenant entre les mains un outil de développement de la spiritualité par la prière. Cet outil vous aidera à progresser sur la voie que vous avez choisie en achetant ce livre.

Vous le savez tout comme moi, que ce livre n'est pas arrivé là par hasard entre vos mains. Il va vous permettre d'avancer concrètement en priant régulièrement.

Soit vous pourrez piocher dedans, à l'endroit que vous voulez et dans le psaume qui vous attirera le plus. Soit vous chercherez dans la première partie du livre la clé qui vous conduira vers le psaume le plus adapté à votre situation.

Pour obtenir l'efficacité totale d'un psaume, vous devez le lire en entier, soit tous les versets numérotés concernant le psaume en question. Vous ne pouvez absolument pas lire seulement un ou deux versets.

Attention, un livre de prières ne se prête pas, car il se charge à chaque fois que vous l'utilisez de votre propre magnétisme et votre propre évolution personnelle.

Gardez-le précieusement à côté de vous ou sur votre table de nuit, il continuera à vous protéger.

*Jean-Didier*

# INDEX

# Bibliographie

Jean-Didier, *Développez vos pouvoirs de guérison*, Bussière, 2012.

—, *Attirer la chance et le succès*, Le Lotus et l'Éléphant, 2022.

—, *Le Pouvoir magique des pierres et des cristaux*, Le Lotus et l'Éléphant, 2021.

—, *Révélez vos facultés psychiques et énergétiques*, Leduc, 2021.

Les Psaumes de David sont tirés de la bible de Louis Segond, 1910.

## Les deux best-sellers de Jean-Didier :

Jean-Didier, *Comment tirer le tarot de Marseille*, Bussière, 2017.

—, *Le Pouvoir magique des pierres et des cristaux*, Le Lotus et l'Éléphant, 2021.

## Pour prendre contact avec Jean-Didier :

contact@jean-didier.com

www.jean-didier.com